Un libro per operatori, studenti, genitori e lettori

# Ringrazierai i tuoi nemici e amerai la tua storia

Maddalena Bosio

Come curare ferite, dolori, vuoti e paure della propria storia

TERAPIA CENTRATA SULLA PERSONA

Copyright © 2017 Maddalena Bosio
All rights reserved.
ISBN: 1981423524
ISBN-13: 978-1981423521


Questo libro è coperto da copyright e ne è vietata perciò la modifica, la
duplicazione e la ripubblicazione anche parziale senza l'autorizzazione dell'autore.


https://maddalenabosio.com/


Cover Design by Laura Nicli

*"It's gonna be a long walk home…"*

Bruce Springsteen

**Ai miei amati genitori
Luigi e Lina**

# Indice

# Introduzione

Ciao Alberto,

mi sono informata sui libri riguardo alla psicologia esistenzialista/fenomenologica, ma non ho avuto molte informazioni in più di quello che conoscevo. Sono cose soprattutto di taglio storico. Mentre sarebbe bello forse trovare qualcosa che parli di esperienze vissute, e che ragioni su quanto possono avere in comune al di là delle storie personali. Allora provo a buttare giù alcuni punti, a partire da me, ma anche – credo – a prescindere da me.

Non ci sono certezze, all'infuori del proprio esserci, del proprio esserci al mondo.

Capita che gli altri, anche senza alcuna intenzione malevola, ci sottraggano, ci neghino il nostro essere, il nostro esserci al mondo, o parte di esso.

Questo ci fa soffrire (a volte impazzire), perché in fondo aspiriamo ad esistere in una nostra, nella nostra autenticità, che non sempre però piace agli altri.

A volte questa sottrazione, questo non riconoscimento di noi (di me) è talmente pesante che rischiamo di perderci, di perdere la nostra preziosa, unica identità.

Questo tipo di terapia non ha lo scopo di farci vincere sugli altri, o in ogni caso di farci vincere secondo le regole (sociali) dominanti. Ha lo scopo di accompagnarci nel viaggio alla scoperta, o alla riscoperta di noi stessi, nella nostra autenticità, anche se può far paura, o essere scomoda per qualcuno.

È un viaggio anche nel dolore, il dolore per quello che ci è stato tolto, e anche perché può darsi che amiamo chi ci ha negato il riconoscimento della nostra identità, e perché può darsi che comprendiamo, oltre che il nostro, anche il dolore e la paura dell'altro (dei genitori, per esempio).

È un viaggio in cui siamo semplicemente in compagnia di chi il percorso lo conosce già; è una persona che non intende sostituirsi a noi, o dare a noi i suoi valori, la sua visione del mondo, i suoi contenuti.

È una psicoterapia del rispetto totale per la nostra identità, per fragile e spaventata che sia.

È una psicoterapia di rispetto per la nostra paura e per le nostre difese, perché le difese sono sacrosante per tutto il tempo in cui sentiamo di averne bisogno.

È una psicoterapia che aiuta a sentire colui (colei) che aveva smesso di sentire, che si era rifugiato in un angolo piccolo e nascosto di sé stesso, perché quell'angolo era l'unico e l'ultimo spazio che rimaneva alla sua (mia) identità.
Nessuno – in questa psicoterapia – vuole distruggerti quell'angolo, o tirarti fuori sulla base di sua valutazioni. Sei tu a decidere se puoi uscire da quell'angolo e andare attraverso spazi più ariosi. E in ogni caso ci resti per tutto il tempo che tu senti come necessario, perché quell'angolo, per soffocante e alienato che sia, è la tua vita, con le sue ragioni.

Per questo è una psicoterapia che non accelera i tempi, ma che sta in sintonia con il tuo ritmo. Nessuna forzatura interpretativa, né di sogni né di altro, nessuna analisi, nessun consiglio, nessuna promessa, soltanto il silenzio per poter ascoltare meglio la voce (a volte debolissima) che viene da te.

Nessuna pretesa di cambiare il mondo, soltanto l'aiuto perché tu possa trovare, passo dopo passo, ciò che tu sei, e portare con te anche il tuo carico di passato.

Questi sono alcuni punti, per come io sono capace adesso di sintetizzarli.

Chiara

Quando ho letto questa lettera, scritta da una cliente, ho pensato fosse urgente raccogliere i miei appunti di una vita dedicata a scoprire la psicoterapia, per rendere ragione delle tante fatiche e del tanto dolore vissuto accanto ai clienti.

Questi appunti vogliono essere la testimonianza di quanto sia lento e lungo un percorso di cambiamento ed è questo percorso che cercherò di esporre.

La tecnica del metodo non direttivo della Terapia Centrata Sulla Persona di Carl Rogers ha la peculiarità di "centrare" il processo sul fluire del percorso adottato dal cliente stesso.

È un percorso singolare, individuale ed unico nella misura in cui ognuno sceglierà, in base al proprio "modo di essere" di quando approda al percorso terapeutico, la modalità ed il punto da cui partire.

Compito del terapeuta è rimanere in empatia e con modalità facilitanti, con la persona ed il suo percorso.

La teoria di riferimento per quanto riguarda lo sviluppo della persona è quella di Maslow e di Piaget. Il processo di riparazione è in sintonia con la teoria della perdita o del lutto di Alice Miller, ponendo l'accento sull'aspetto del vuoto e del dolore impotente, di sogni costruiti invano e di paure strutturali più che sulla rabbia di cui parla la Miller.

La validità della terapia che espongo come processo o percorso che riesce a produrre cambiamenti nella persona, non ha sostegni scientifici se non gli scritti dei clienti che hanno affrontato questo percorso e a cui debbo la maggior parte di questi miei appunti. Scritti dati spontaneamente poiché non fa parte del mio lavoro chiedere al cliente di scrivere, se non in circostanze particolari.

Pur non avendo il mio lavoro personale un "attestato" di scientificità, le basi dell'Approccio Centrato sulla Persona, sono in sintonia con concetti e principi della filosofia esistenziale, distanziandosi dalle teorie strutturali della scuola di pensiero Freudiana e comportamentale, che affondano le radici nella filosofia positivista.

Le ricerche scientifiche delle scuole umanistiche, a cui appartiene Carl Rogers, si collocano nel mondo delle scienze "naturali". Il mondo "fenomenico", in contrapposizione ai "modelli" delle scienze "strutturali", si esplica nella "soggettività" di ogni singolo individuo. Rogers ha puntato il suo pensiero e quindi la sua ricerca, sugli aspetti "attitudinali" più che tecnici, fornendo un contributo al "significato" piuttosto che ad una "tecnica" terapeutica.

Pur essendo diversi nella propria soggettività, ogni individuo conserva dentro di sé quei valori universali, cosmici aggiungo io, che inevitabilmente ci collegano l'uno all'altro in una sinfonia di rispetto ed armonia cosmica. Valori che si ritrovano e ci accomunano nella psicologia, filosofia, fisica, biologia, fisiologia, religione.

Ultimo e per nulla meno importante, le neuroscienze hanno scientificamente dimostrato che ogni nostro comportamento è legato ad un sentimento o emozione.

Qui di seguito aggiungo dei miei appunti universitari che confermano la validità della Terapia Centrata sulla Persona.

Nell'evoluzione della psicopatologia contemporanea, l'affettività occupa un posto sempre più importante, ponendo, nel contempo, molti problemi intorno ad essa. La demenza si diversifica. Nozioni nuove centrate tutte sulla "realtà" e non su teorie.

La funzione del reale ha uno dei ruoli più elevati nella gerarchia delle funzioni psicologiche. Così essa è una delle prime a soffrire in caso di abbassamento o di caduta della tensione psicologica.

Un contatto umano è di natura tale da farci rivedere molti problemi psicologici.

Per costruire una psicologia si è fatto ricorso a fatti traducibili. Si formano così i "concetti di base": sensazioni, percezioni, rappresentazioni, idee, sentimenti, emozioni, desideri, bisogni e così via. Ma esistono "stati d'animo" che non rientrano in questo quadro. I loro contorni sono "evanescenti", a mala pena afferrabili. Anzi, sembrano scomparire non appena vogliamo toccarli con le nostre mani (entrare in contatto). "L'io" vi si sofferma appena, sembra situarsi alla loro periferia, trovandosi così alla soglia del "nulla". Non potremmo però negare la loro esistenza. Talvolta ci appaiono come la base della nostra esistenza/vita. "L'io" tormentato vi trova come un rifugio, come un posto di attracco: un'oasi. Vi si oblia. Si situa alla soglia del nulla. Questo nulla, però, deriva dal "contatto umano", dalla comunione con il cosmo, per il quale noi siamo fatti. La vita umana non è fatta unicamente di date, di avvenimenti che incidono in questa vita. La biografia non può dire tutto. Il diario intimo neppure. Sono soltanto i fatti che possono essere tradotti con le parole, che possono essere raccontati, essere riferiti ad un dato individuo. "L'io" però non è presente ad ogni istante della sua storia e questa storia non è piena di fatti fino all'orlo. Essa comporta, a dire il vero riposa, necessariamente su zone "mute", o meglio, su zone silenziose, che a ben guardare paiono quasi svanire nell'ombra, o persino nella notte, ma che son lungi dall'essere meno feconde delle zone sonore e talvolta troppo rumorose. Zone incoscienti, se si vuole, ma a condizione che si dia a questo inconscio, il significato che ad esso spetta. Ivi infatti, vi si elabora la vita, e alle sue fonti vive, essa viene ad attingere.

È qui probabilmente anche l'origine dei fatti (le radici) che possiamo esaminare, i fenomeni psichici in sé stessi, indipendentemente dalla maniera in cui si realizzano nella vita individuale (i contenuti sono diversi, ma le dinamiche sono le stesse); è qui che possiamo classificarli, stabilire relazioni essenziali tra loro. L'abbiamo fatto partendo da un "divenire" caotico e a questo tipo di divenire ci siamo sforzati di dare una forma strutturata.

Oggi invece del divenire, avremmo probabilmente parlato della "forma della vita" quale ci siamo sforzati di presentarla qui. Comunque sia, si trova così posta la possibilità di una psicologia generale, che forma la cornice nella quale deve venire ad inserirsi ogni vita individuale e di cui quest'ultima sia tributaria.

La disperazione è una "questione privata". Essa separa l'individuo dal "flusso della vita" e lo accascia. La speranza, vicinissima all'aspirazione, trascina sulle sue ali l'individuo molto al di là dei propri limiti e lo fa partecipare all'orizzonte che largamente essa apre davanti a sé. Essa è uno dei fattori costitutivi della vita e del mondo. E quali che siano le delusioni, le disillusioni, le pene, le prove inflitte dalla "dura realtà", non sapremmo, e non potremmo rinunciare alla **speranza**, poiché avendo essenza diversa da quella di tali esperienze, essa porta noi come altresì il mondo.

Concludo esprimendo la mia gratitudine e grande stima ai miei clienti, persone che con coraggio e perseveranza hanno ripercorso la strada della loro storia.

Mi auguro solo che i clienti psicologi che ho avuto sappiano cogliere l'esperienza vissuta e col tempo, essendo molto più giovani di me, sappiano portare avanti il lavoro e trovare la capacità di dare al tutto un contributo più scientifico.

LE CATENE DI VELLUTO
SONO LE PIÙ DIFFICILI DA TAGLIARE

# Un percorso di psicoterapia

*"...alla fine ringrazierai i tuoi nemici*
*e amerai la tua storia..."*

L'essere umano vive un rapporto di interazione con sé stesso, con il mondo e con gli altri.

Da questo fluire prende corpo, a partire dalla nascita fino alla tarda adolescenza, la formazione della propria personalità.

Quando un essere è lasciato libero di esprimersi e quindi di fare esperienza di sé in accordo con i propri sentimenti e bisogni autentici, svilupperà una personalità matura ed autonoma. È la "tendenza attualizzante".

L'esperienza del vivere e dell'esperirsi si articola intorno ad una serie di bisogni e di desideri legati alle fasi di sviluppo.

Bisogni e desideri, quando vengono soddisfatti, producono un'esperienza positiva, un vissuto di benessere: il soggetto percepisce emozioni gratificanti che consentono di sviluppare una fiducia nel mondo e la stima verso sé stesso. È l'autonomia e armonia. Congruenza con sé stessi e con il mondo.

In caso contrario, le esperienze di frustrazione, di impossibilità ad essere sé stessi, di disagio, di violenze subite nel rapporto con coloro che avrebbero dovuto "collaborare" con il bambino che cresceva, la percezione di un mondo ostile, lasceranno segni che determineranno disadattamenti e insoddisfazioni. Sono distorsioni del sé.

**Per comprendere meglio. Torniamo al bambino…**

Nel mondo noi abbiamo dei comportamenti atti ad ottenere il soddisfacimento di bisogni o desideri che sono alla base della nostra esistenza; si tratta di bisogni e desideri che riguardano la dimensione autentica di noi stessi.

Contemporaneamente, interagiscono con noi persone ed eventi del mondo esterno che, a loro volta, producono effetti sulla nostra persona. L'esperienza, ossia tutto ciò che è potenzialmente disponibile alla nostra consapevolezza, è il fondamento su cui poggia la personalità. All'interno di questa esperienza globale si sviluppa il Sé, che fornisce all'organismo una struttura di riferimento per le sue azioni e stabilisce che cosa può diventare cosciente.

La "tendenza formativa" che, attraverso l'esperienza, conduce alla strutturazione della personalità, può essere bloccata o distorta nel suo procedere, da una o più *ferite* causate da una costellazione di comportamenti e sentimenti, nostri o altrui, responsabili del prodursi di tali ferite.

In altre parole all'interno di questa esperienza globale si sviluppa il Sé che fornisce all'organismo una struttura di riferimento per le sue azioni e stabilisce cosa può diventare cosciente.

Perdendo il contatto con il nostro "Io" autentico, produciamo dei comportamenti che sono, per la maggior parte delle volte, frutto della distorsione dell'"Io". Sono le esperienze dolorose che ci allontanano piano piano dal contatto con le parti più vere del nostro essere. È da qui cha hanno origine i comportamenti "nevrotici" o i legami di dipendenza, remissività, dominio, narcisistici, violenti, masochisti, perversi e così via…

Inoltre, perdendo i contatti con le parti più autentiche del proprio "essere nel mondo", si perdono gli strumenti che sono le fondamenta del nostro essere e piano piano si forma e stratifica quella sensazione di inadeguatezza e di non padronanza di sé, producendo un fondo di **Paura** che poi si svilupperà e manifesterà sotto tante forme diverse.

**Perché accade ciò?**

L'io non regge la realtà e il sé autentico non abbandona l'idea di realizzare il desiderio frustrato. "Tutti i nostri guai" incominciano con una **ferita**. Una ferita al posto di "ciò che non è stato" e prodotta anche da "ciò che invece è stato". Il "ciò che non è stato" è un vuoto, un dolore rispetto a sé e rabbia / odio o anche paura rispetto all'altro. Il sentimento, rispetto all'esperienza di sé, è senso di colpa o di inadeguatezza e sconfitta. Il malessere esistenziale dell'adulto è originato dalla "presenza del bambino sofferente di allora (il nostro "bambino interiore") che non cede nei suoi tentativi di veder realizzati i propri desideri e soddisfatti i propri bisogni ma anzi, incomincia a "sperare e ad illudersi". Spera in qualcosa che non c'è e non potrà arrivare:

- che tu mi sia amico / amica... (*così posso contare su di te...*)
- che tu mi ami in modo sano... (*cioè come io ne ho bisogno da te...*)
- che tu sia il mio interlocutore... (*ho bisogno di essere ascoltato da te...*)
- che tu mi consideri... (*ho bisogno di sentirmi importante per te...*)
- che tu mi rispetti... (*ho bisogno che tu riconosca i miei bisogni e i miei desideri...*)
- che tu mi veda... (*ho bisogno di non esserti indifferente...*)
- che tu mi stia vicino... (*ho bisogno della tua comprensione...*)
- che voi non litighiate... (*ho bisogno di vedervi sereni...*)
- che tu non mi violenti... (*ho bisogno di rispetto da te...*)
- che tu mi difenda... (*ho bisogno di sentire che tieni a me..., che mi difendi e proteggi...*)
- che tu non mi confonda la realtà... (*ho bisogno di te per poter vedere con i miei occhi... e leggere la realtà così come si presenta...*)
- che tu non mi maltratti... (*ho bisogno di accoglienza...*)
- e così via...

All'esperienza frustrante del "non avuto" (si noti bene che anche il *non avuto* è un esperito) si aggiungono i vissuti dolorosi di ciò che invece "è stato", cioè di ciò che la *realtà ha prodotto* e da qui, la percezione della realtà che si sta vivendo, diviene alterata.

L'alterazione diventa necessaria perché la realtà è troppo dolorosa da sostenere e difficile da gestire. Si erigono difese a controllo delle proprie emozioni autentiche e per salvaguardarsi e proteggersi dalle situazioni pericolose provenienti dal mondo esterno.

Questa modalità che abbiamo adottato, e che ci accompagnerà per il resto della vita, non è altro che la struttura della nevrosi, a copertura del sé autentico, ed è questa struttura che agisce nel mondo e che può produrre modelli comportamentali inadeguati e fallimentari nella vita di relazione con le persone, con le cose, e con noi stessi.

Può anche succedere che, come meccanismo di difesa, l'allora bambino seppellisca insieme a sé stesso, tutto il mondo delle sue emozioni e dei suoi bisogni. L'adulto che viene da un'esperienza simile sarà destinato a "ripetere" ciò che è successo a lui, perseguendo l'illusione di rovesciare il suo trauma in trionfo. Qui non c'è il bambino interno che chiede, ma al suo posto c'è solo un adulto che rigetta, rifiuta e maltratta tutto ciò che gli può ricordare quello che ha accuratamente nascosto. Nel "suo" mondo, o meglio nel suo schema di riferimento, "l'amore è suo nemico". I fallimenti e le sconfitte anche qui non mancano, ma sono ben controllati e compensati da un animo "duro" (o morto) che "non piange".

Negli altri casi, c'è una coazione a ripetere e una reiterazione di comportamenti e tentativi atti a soddisfare quella parte infantile insoddisfatta. Ormai l'esistenza diventa un'organizzazione accanita contro quella realtà dall'esperienza dolorosa. Una realtà che non ha trovato nel bimbo la forza di esistere per quello che era, nella misura in cui l'io infantile non era in grado di reggerla e nemmeno comprenderla. Al bimbo è mancato un adulto che l'aiutasse a *comprendere* e *contenere* quelle esperienze e quindi a poterle vivere, integrandole dentro di sé come "parte di sé".

Si tratta di realtà dolorose o paurose, confuse o contorte per un bambino, e che solo le braccia amorevoli di un adulto che *condivide, ascolta e rispetta* il suo sentimento in modo "salvifico" potranno aiutarlo gradualmente ad integrarle nel proprio io. Quando questo non succede, l'unica strada per sopravvivere è quella di accantonare il reale e di "organizzarsi" in un **sogno / promessa** di ottenere ciò che si desidera o di cui si ha bisogno. Allora l'io organizza la propria vita in modo da realizzare il sogno, anziché vivere nell'essenzialità del proprio essere. L'organismo, di conseguenza, perde la capacità di funzionare in armonia con i bisogni e desideri autentici e la strada diventa disseminata da "coazioni a ripetere" e "reiterazioni" del dolore iniziale. Si attuano modelli comportamentali inadeguati alla realtà dell'essere adulti, poiché le emozioni negative che si ripropongono ogni volta che sono coinvolti i nuclei infantili irrisolti, impediscono di trovare le soluzioni adeguate.

Questo significa che un passato irrisolto non rimane alle nostre spalle, ma camminerà sempre davanti a noi.

Per poter camminare nel *qui ed ora* del presente, bisogna saldare i conti con il proprio passato e quando si è adulti, questo può avvenire solo attraverso una psicoterapia.

## Modelli di comportamento

I modelli di comportamento acquisiti (oltre a quelli appresi, che sono altra cosa), servono sia per ottenere ciò di cui si ha bisogno dall'altro, sia per difendersi dall'altro, sia per difendersi dal proprio "caos" interiore.

Si intende per caos, la situazione ansiogena che si esperisce e che non si riesce a reggere.

I modelli "acquisiti" sono strategie create da ciascuno per ottenere qualcosa.

I modelli "appresi" sono le modalità adottate per reagire a quello che succede all'interno, in situazioni che non sono gestibili da un bambino, in quanto sono determinate dagli adulti.

## Il lavoro della psicoterapia

La terapia è un lavoro di *lettura* del presente attraverso la *rilettura* del proprio passato, perché il presente non è altro che un agire "oggi" con quegli stessi strumenti con i quali ci siamo "arrangiati" sin dall'infanzia, pur essendo mutati i contesti ed essendo divenuti adulti. Con quegli stessi strumenti "di base" (ossia quelli che l'interazione tra il bambino e l'ambiente ha spontaneamente prodotto), abbiamo fronteggiato le ferite passate e tuttora affrontiamo quelle che si avvicendano nel presente.

La terapia conduce la persona a contattare diverse parti di sé, ma l'individuazione più importante è il configurarsi di una parte "adulta" che riconosce la sua parte "infantile" come parte integrante di sé, e che cerca di ricostruire la sua storia reinterpretando realtà ed emozioni presenti e passate.

L'esperienza raccontata non è una narrazione che segue un ordine logico o temporale. Quando tentiamo di rappresentare il nostro mondo facciamo i conti con degli specchi rotti, di cui alcuni frammenti sono andati perduti per sempre. In quanto esseri umani non percepiamo le cose per intero; non siamo degli dei bensì creature ferite, lenti danneggiate, capaci solo di percezioni spesso frammentarie e distorte. Siamo esseri parziali. Il significato è un edificio instabile che costruiamo con frammenti, dogmi, ferite infantili, articoli di giornale, osservazioni casuali, vecchi film, piccole vittorie, sporadiche rivincite, gente odiata, gente amata. La nostra idea di realtà è costruita su materiali talmente inadeguati che abbiamo bisogno di difenderla a tutti i costi per conservare l'illusione di poterla mantenere integra.

Ma il paradosso è che lo specchio rotto può valere effettivamente tanto quanto quello che si ritiene integro in quanto è la natura parziale delle memorie, la loro frammentarietà, a conferirne maggiore valore. Il vetro rotto diviene uno strumento indispensabile nel lavoro della terapia; così come i frammenti di vasi antichi consentono all'archeologo di ricostruire il passato, i frammenti della propria realtà interna che ci vengono offerti nel contesto di un lavoro terapeutico, ci consentono di *ri-percorrere* e *ri-costruire* insieme alla persona la sua storia. Durante questo lavoro, esistono situazioni che necessitano i cosiddetti *"innesti"* da parte del terapeuta, per dare *"congruenza"* all'esperienza raccontata e alla realtà passata, proprio perché spesso si è di fronte a messaggi contorti e distorti.

Per chiarire meglio la dinamica di questi "innesti", facciamo un esempio.

Supponiamo che dal racconto di una persona venga fuori quanto segue:

"…Mia madre non mi dava da mangiare quando tornavo da scuola… perché lei era stanca…"; un esempio di innesto da parte del terapeuta potrebbe essere:

"…Sì, ma la realtà era che tu non mangiavi e, nel tuo racconto, ciò è vissuto come un'esperienza dolorosa e di abbandono…".

Un altro esempio. Dal racconto emerge:

"…Mia madre era buona perché mi pettinava i capelli…"; l'innesto del terapeuta stavolta potrebbe essere:

"…Quanti anni avevi?" "Tre" dice la cliente "…Ma a tre anni un bambino *"deve"* ricevere queste cure da parte di un adulto…".

Con questi innesti il terapeuta cerca di ricostruire la "congruenza" ricercando la parte infantile che non è immediatamente visibile o raggiungibile, e spesso è tenuta ben nascosta nelle pieghe profonde dell'essere, nel tentativo di metterla in salvo o di prendere le distanze da contenuti connessi con la rievocazione di esperienze di sofferenza.

La dimensione della persona legata alle esperienze infantili frustranti o dolorose della quale a livello cosciente non ci si rende conto, per tutta una serie di meccanismi inconsapevoli (negazione, rimozione, evitamento, spostamento…) che si attivano con lo scopo di allontanare dalla percezione di sé sentimenti negativi e di sofferenza, in maniera "sotterranea", continua ad agire.

La parte infantile, che agisce in determinati comportamenti e/o reazioni della persona adulta, può presentarsi nelle vesti della "vittima" di allora oppure del "carnefice", identificandosi con l'aggressore del proprio passato. Si reitera così un processo che può non avere mai fine.

## Per fare terapia

In base alla mia esperienza professionale, mi si permetta di evidenziare quelli che per me sono fattori indispensabili per fare terapia.

1. È importante conoscere le dinamiche di sviluppo della personalità e le relative teorie per comprendere come si "creano i giochi".
2. Bisogna seguire lo stile di ricerca del sé del cliente.
3. È fondamentale trovare un proprio stile di lavoro.

Sono comunque importanti: i contenuti emergenti, l'empatia, l'accettazione, la trasparenza (quella "utile" al cliente), la congruenza, ma anche la storia che ogni individuo porta dentro di sé, i messaggi del corpo, i sogni, lo schema di riferimento del cliente.

Occorre che si riesca a far luce sul "proprio modo di essere nel mondo". Solo se si riesce a guardarsi dentro, si riesce a trovare ciò che fa male, ciò che ha bloccato la tendenza formativa e quindi il "damage done" (danno). Il problema non è solo essere empatici rispetto a quello che il paziente ci porta, ma essere in empatia con il suo personale stile di lavoro ed aiutarlo a lavorare dentro di sé "come lo sa fare lui". Lavorare dentro di sé è difficile: comporta guardare, vedere, sentire, capire, ricordare, soffrire, illudersi, disilludersi, addolorarsi, arrabbiarsi, seppellire... è un lavoro che impegna fortemente ed integralmente la persona. Non esiste nessuna scuola che aiuti a "dipanare" la matassa perché il segreto, le chiavi, sono dentro nel cliente stesso.

Il cliente parla per le cose che succedono, parla per i ricordi che si presentano, parla per le cose accadute, parla per empatia, parla per proiezioni, parla per razionalizzazioni, parla per allucinazioni, parla per identificazioni proiettive, per rifiuti, per invidia, per ammirazione, parla ciò che gli dice il corpo, per quello che dicono i sogni, per quello che sente nel mondo delle sue emozioni... Sta al terapeuta riuscire a richiamare queste parti all'interno del proprio "io" del cliente, della sua storia; cioè a "dipingere" un quadro con la propria storia.

Essere empatici significa stare con l'altro in tutte le sue "dimensioni": mentali, affettive, emotive, negli irrigidimenti, nei tentativi anestetizzanti, nell'essere distanti...; significa stare nel suo camminare e nello "stile" del suo camminare. Stare con lui significa anche stare con quello che gli serve, e questa attenzione che gli è dovuta, esige che il campo personale del terapeuta debba essere sgombro il più possibile dai propri inquinamenti, e che egli sia consapevole di come il mondo dell'altro incide sul proprio, provocandogli delle reazioni che non devono interferire sul lavoro con il cliente. È come incidere la voce del cliente su un "nastro sporco" o su un "nastro pulito"; solo nel secondo caso sarà possibile udire solo la sua voce.

Quando Rogers dice che ha fatto una terapia con un cliente parlando quasi solo di idraulica (essendo il cliente un idraulico), non ha fatto altro che utilizzare gli strumenti, lo schema e lo stile dell'altro.

Alcune situazioni del modo di essere si risolvono o si modificano solo se si chiudono le ferite che le hanno prodotte, il che significa dare sepoltura a torti subiti, a desideri e bisogni mai realizzati e che non si realizzeranno mai.

Una volta accettata questa operazione di sepoltura, si smetterà di andare per il mondo a ricostruire quelle situazioni che si crede di poter realizzare. Questi meccanismi vanno conosciuti non solo cognitivamente, ma anche esperienzialmente, attraverso un proprio processo di analisi personale. La capacità di attivare certe operazioni si rende possibile solo nella misura in cui la persona guadagna una capacità di autonomizzarsi, e cioè di amarsi; in fondo, di rispettarsi. Ma il rispettarsi emerge solo dopo avere dato dignità a sé stessi. È questa la forza che porta al cambiamento, e non esiste nessuna scuola che usi strumenti "esterni", capace di fornire queste potenzialità. Esistono solo strumenti esterni capaci di promuovere un processo interno e che è frutto di duro lavoro su di sé. Questi strumenti, a mio avviso, sono egregiamente posseduti dalla scuola Rogersiana, che, attraverso la Terapia Centrata sulla Persona, produce risultati positivi in una vasta gamma di disturbi.

È ovvio che, quando i meccanismi costruiti a difesa dell'io consentono di affrontare la vita, i cambiamenti non sono necessari.

## Il cammino per diventare se stessi

> *"Se guardi il mondo con gli occhi di un bambino,*
> *la realtà sarà sempre più grande… e può fare paura…"*

I nostri comportamenti sono legati al soddisfacimento di bisogni che, all'inizio della nostra esistenza, sono pochi ma fondamentali. Sono i cosiddetti **bisogni primari**:

- il bisogno di nutrimento;
- il bisogno di rimanere caldi e ben asciutti;
- il bisogno di essere rassicurati da presenze amorevoli.

Col procedere dello sviluppo, i bisogni e i desideri diventano più numerosi e complessi e si avvia gradualmente la costruzione della coscienza di sé stessi con l'aiuto dell'"esterno".

Quando il **bisogno** si instaura, l'esperienza di sé stessi legata alla sensazione di malessere per il mancato soddisfacimento dello stesso, è già in atto. Facciamo un esempio. Nell'esperienza della fame c'è il bisogno di cibo e c'è il pianto che "invia" un messaggio nel mondo che è: *"ho fame e quindi desidero mangiare"*. Quando il segnale viene raccolto ed esaudito nelle modalità adeguate, il desiderio si realizza, il bisogno si placa ed il bambino vive un'esperienza *gratificante*. Tale esperienza produce:

- una sensazione di benessere e un'esperienza di tipo positivo in quanto il "segnale" è stato accolto e il bisogno è stato adeguatamente "soddisfatto";
- la base per la realizzazione della "stima di sé";
- la percezione della adeguata amorevolezza indispensabile per la costruzione della "fiducia in sé e negli altri"; il bambino solo così eviterà di sviluppare la cosiddetta "paura di perdere l'amore".

L'adeguata amorevolezza consiste non solo nel soddisfacimento del bisogno in senso stretto (ad esempio "rifornimento" di cibo), ma soprattutto nella **modalità** con cui ciò avviene, quindi lo stato d'animo, il sentimento, l'atmosfera di totale accoglimento che l'adulto produce.

Il cibo in sé stesso e chi lo somministra, infatti, sono molto relativi; ciò che agisce più profondamente nel vissuto del bambino è "come" è stato dato.

Se paragoniamo la costruzione della personalità a quella di un edificio, le esperienze gratificanti ne costituiscono le fondamenta; è intuibile quanto esse siano fondamentali per la realizzazione di una personalità solida e stabile.

Questa esemplificazione dell'esperienza e dell'interazione con il mondo esterno si ripete in ogni interazione, fino a quando, man mano che cresce, il bambino si stacca dal rapporto di dipendenza che lo lega all'altro e al mondo esterno.

*Una metafora*

"I frutti di un albero, quando giungono a perfetta maturazione, si staccano con facilità. Quando sono ancora acerbi, occorre uno "strappo". Se dopo essere maturati sono rimasti a lungo attaccati al ramo, rischiano di spappolarsi quando vengono colti o di cadere da soli".

Quello che purtroppo spesso accade al bambino che è cresciuto, è che la vita lo "strappi" dalla famiglia che, non avendo svolto bene il suo lavoro, non gli ha permesso di giungere ad una buona maturazione. Lo strappo dunque, che è da configurarsi in un atto di ribellione, sarà l'unico modo per staccarsi.

Se invece le cose sono andate bene e la famiglia ha svolto sufficientemente bene il suo ruolo, consentendo al bambino **di crescere e di maturare in maniera adeguata** (favorendo la sua tendenza attualizzante), questo sentirà il richiamo del mondo esterno e, pur con una certa malinconia, se ne andrà "senza sbattere la porta"; cioè entrerà nel mondo, non "se ne andrà da casa".

Giunto a maturazione dunque, questo giovane uomo è ben consapevole di sé; la vita fuori lo aspetta e questo "richiamo" è più forte del legame col passato.

Le situazioni che invece non sono andate bene, che hanno prodotto **esperienze negative** (producendo una "distorsione" della tendenza attualizzante) danno luogo a vissuti **di frustrazione** in quanto i bisogni non sono stati adeguatamente soddisfatti, o addirittura sono stati distorti.

Facciamo un esempio per chiarire.

** Una bimba dice al padre: "...non voglio che tu mi tocchi "lì"... smettila...". Il padre risponde: "...ma come?!... Credevo che ti piacesse...".

L'esperienza è frustrante, a volte anche dolorosa oppure paurosa.

Il bambino avverte un sentimento di dolore per quello che è successo, si sente inadeguato e non amato. Non riesce, per molti anni, ad individuare l'"errore" dell'adulto. L'unica spiegazione che sa darsi per l'esperienza fallita e dolorosa, è quella di non essere all'altezza di ricevere amore, quindi di essere lui il colpevole; che è lui che ha "sbagliato" qualcosa...

Altri esempi.

** Il bambino fa un disegno e lo dona al genitore; questo guarda il disegno e commenta "...ma cos'è questa roba..." Il bambino non ha chiesto un parere, non ha chiesto un giudizio... ma soltanto che il suo dono venisse accettato. Percependo infatti di non essere all'altezza delle aspettative dell'adulto, il bambino sente di non essere all'altezza di essere amato.

** Il bimbo piange perché è caduto e gli viene dato un ceffone. Non si aspettava una punizione, ma di essere accolto e rassicurato, specialmente se gli era stato detto di non fare quella determinata cosa che gli ha provocato la caduta.

** "…Mamma, ho preso nove nel compito di Italiano…"; risposta: "…sì ma tua sorella parla bene il dialetto…"

Siamo di fronte ad una incongruenza tra ciò che il bambino si aspetta come risposta e la risposta effettiva che riceve.

In questi casi, i "mattoncini" dell'esperienza sono installati malamente – con insicurezza o noncuranza – con vergogna o di traverso – in posizioni seminascoste o di proposito alla rovescia. L'idea di fondo che si instaura è che qualcosa non ha funzionato.

Altre volte gli "strumenti di vita", ad esempio la vitalità, la dolcezza, la curiosità, o una profonda riflessività; aspetti questi della persona che, come molti altri fanno parte del temperamento, e che diventano appunto gli "strumenti" per affrontare il mondo e le persone, non piacciono, infastidiscono l'adulto, per cui vengono disapprovati. Incomincia così un lento lavoro di demolizione di **ciò che "non va" per il genitore**. Il minore vive un'esperienza di repressione e di mortificazione per il proprio "Io attualizzante" e di malessere, perché non riesce ad usare gli strumenti che gli vengono imposti.

Si sente sminuito per la mortificazione ed incapace di "essere" ciò che gli viene imposto. Nasce la paura per l'incapacità di affrontare il mondo e le cose: **sei solo**… *in balìa di te stesso e* **non** *ti senti* **protetto**.

Gli strumenti che sono invece la parte vera di sé stessi: **il proprio nucleo "identitario"**, sono stati *repressi e mortificati*. Se riesci ad adattarti a quelli imposti, diventi un *"bravo bambino"*, altrimenti diventi un *"cattivo"*…

Ci sono situazioni in cui l'esperienza è talmente devastante che quei "mattoncini" vengono gettati via, nel disperato tentativo di dire a sé stessi: "quello non sono io"; "quella cosa non è capitata a me". Gesti disperati che, se in quell'istante possono sembrare salvifici, sono in realtà le fondamenta per costruire una CASA di impronta psichiatrica.

Vorrei accennare ad un'opera di "demolizione della personalità" in via di sviluppo, molto nascosta e di cui si parla e scrive poco. È la distruttività del genitore ossessivo. Queste persone possono essere socievoli, gradevoli ed amabili nel mondo esterno, ma non altrettanto in famiglia. Mi riferisco ad ossessioni riguardo paure irrazionali, cioè paura di cose inesistenti nella realtà.

Una madre mi dice: "Non voglio che mio figlio (tre anni) vada sul balcone perché potrebbe cadere". Io chiedo: "Cosa c'è di pericoloso?" Lei risponde: "La ringhiera ha delle sbarre" Alla richiesta di quanto siano larghe, risponde circa 10 cm. Le rispondo: "Questo è un problema suo, perché un bambino di quell'età non può passare attraverso un'apertura simile". La sua risposta è: "Allora un bambino può fare tutto quello che vuole!" "Dove il pericolo non esiste e laddove si sente di sperimentarsi, sì" rispondo io. "Allora se vuole attraversare i binari quando passa un treno lo debbo lasciare fare". "Questa è una situazione pericolosa sia quando non passa un treno e, a maggior ragione, quando passa" rispondo io scoraggiata.

Una madre che lava le mani al figlio quando questo tocca qualcosa che secondo lei è sporco o carico di batteri, che impedisce al bambino di sedersi sul pavimento perché si sporca. Se raccoglie un oggetto caduto sul pavimento, lo prende e lo lava. Gli impedisce di correre perché può cadere e farsi male. Camminare su un basso muretto, non esiste. Proibito salire sul divano perché potrebbe cadere e rompersi la testa, e via di seguito. Tutte **paure irreali**, che tolgono al bambino la possibilità di gestirsi nel mondo e che più tardi, lo porteranno a "**non capire**" a cosa il genitore stia facendo riferimento, perché nella realtà non esiste ciò di cui il genitore ha paura. A confondere maggiormente il bimbo, nelle circostanze descritte, c'è il fatto che lui "**vede**" che gli altri bimbi **stanno facendo liberamente ciò che a lui viene impedito.**

Qui vorrei riportare due poesie che Frieda Fromm Reichman include nel suo libro su psicoanalisi e psicoterapia, e che ho fatte mie tante volte nel ricordare l'importanza del rispetto quasi sacro del mondo e dei tempi altrui e dell'importanza nel **dare** all'altro una **dignità** al suo "modo di essere nel mondo", qualunque esso sia.

Se ci limitiamo solo a valutare le apparenze non possiamo sapere quale sia il vero mondo o modo di sentire dell'altro, impedendo un adeguato rapporto empatico e di accettazione incondizionata.

In altri termini, manca "un'attenzione positiva", manca "un rispetto, un amore incondizionato".

Per queste sue idee innovative Frieda Fromm Reichman fu successivamente espulsa dalla scuola freudiana. Così è stato anche per Karen Horney e Clara Thompson.

Da una cliente di F.F. Reichman:

*Non c'è proprio nessuno?*

*Non c'è proprio nessuno?*

*Sto bussando alla porta di rovere…*

*E non si aprirà*

*Né ora, né mai più*

*Sto chiamando, chiamando te —*

*Non mi senti?*

*Non c'è proprio nessuno*

*Vicino?*

*E questo vuoto silenzio deve esserci?*

*E non c'è proprio nessuno là*

*Per rispondermi?*

*Io non so la strada —*

*Io temo di cadere*

*E non c'è proprio nessuno?*

Da una cliente di F.F. Riechman

*I Pazzi tengono l'amore*

*nel palmo della mano,*

*e lo lasciano cadere,*

*e lo sotterrano nella sabbia.*

*Essi tornano a notte buia*

*Per seppellirlo ancora,*

*e lo nascondono per sempre*

*alla vista dell'uomo.*

La situazione è più difficile e complessa quando questi bisogni scaturiscono da una difficoltà o da una incapacità nel risolvere un problema che si presenta, e che il bambino, data l'età, non è in grado di affrontare. C'è un'età in cui il bambino non sa neppure che i problemi si "risolvono" e dovrà ancora acquisire le strategie di "coping" e di "fronteggiamento" adeguate per attuare il "problem solving". È qui che l'esperienza diventa più complessa e che il bisogno di una persona adulta rassicurante diventa fondamentale per le aspettative del bambino e per il suo adeguato sviluppo futuro.

Quando l'esperienza vissuta è frustrante ed il bisogno non è stato accolto né soddisfatto, si crea un **VUOTO**. Basterebbe accogliere le richieste del bambino in maniera adeguata per evitare di produrre tale vuoto; all'adulto spetterebbe il compito di comunicare delle verità che rispecchiano la situazione così com'è, senza inganni e sotterfugi. Riprendendo gli esempi sopra, egli potrebbe comunicare: *a tua madre non interessa il tuo nove; il tuo genitore vuole un disegno perfetto per cui non accetterà questo dono; il tuo genitore beve, si ubriaca, non si cura di te perché non puoi esistere quando lui è così. Non ti vede.*

Non è certamente semplice per un adulto attuare questo genere di contenimento, evitando giudizi negativi, o colpevolizzazioni; occorre molta delicatezza e sensibilità.

È errato pensare che sia crudele porre il bambino di fronte a queste realtà; infatti il danno peggiore sarebbe confondere o, peggio, distorcere la verità della sua situazione, volendo a tutti i costi proporre il genitore come una figura positiva e vincente anche quando non lo è.

La realtà dunque dovrebbe essere presa e affrontata per quello che è.

In senso metaforico si dovrebbe evidenziare che in casa ci sono le "**mele verdi**" e non quelle "rosse" che il bambino cerca, e che questa è la realtà. Il bambino necessita di essere aiutato ad imparare a "contenere", pian piano, tali realtà, seppur dolorose. Con l'aiuto di un adulto, la cui presenza aiuta a creare le *sponde*, (affinché le emozioni siano arginate), entro le quali lasciare fluire le proprie emozioni senza la paura che dilaghino, che disintegrino il proprio "io", si fa strada la messa a fuoco della realtà esperita nella sua chiarezza. La frustrazione produce aggressività, la verità **dolore "sano"**. Al contrario dell'inganno, che può portare alla follia, la verità non ha mai ucciso nessuno. In questo caso si parla di un **dolore maturante**.

Non condivido quanto sostengono alcuni teorici, che il genitore debba necessariamente essere visto come invincibile e intramontabile, per poterne a tutti i costi introiettare l'immagine positiva. Secondo la mia esperienza il bambino ha solo bisogno di "**coerenza**", una coerenza interna da cui ha origine la stima e il rispetto per sé stessi, per l'"altro", e quindi anche per il genitore "debole".

Di solito, purtroppo, ognuno di noi rimane con i propri vuoti e tale frustrazione ha prodotto delle difese per proteggerci dall'esperienza realmente vissuta.

Ad esempio, Lisa si aspettava l'approvazione che le serviva per "mettere in posa" i suoi mattoncini:

- per essere *incoraggiata* nello studio;
- per essere rassicurata del fatto che qualcuno avesse *cura e si interessasse* di lei;
- per *non sentirsi rifiutata*. Questa è una "ferita" spiegata più avanti.
- per non sentirsi ignorata e quindi per sentire di "esistere";
- per poter avere un vissuto di *"appartenenza"*...
- per sperimentare positivamente che i suoi *"strumenti"* (la sua intelligenza vivace) funzionano e le danno padronanza di sé.

Tutto ciò non è avvenuto; dall'esperienza frustrante Lisa potrà difendersi attraverso il meccanismo della rimozione, ma il desiderio insoddisfatto incomincerà a **tessere** e a perseguire sotterraneamente il sogno della sua realizzazione. Questo è in realtà il meccanismo con cui si tesse la propria nevrosi. Il senso di vuoto non si percepisce a livello cosciente, ma il bisogno/desiderio rimane. Le ferite sanguinano e sanguineranno fino a che "non si chiude la partita" – the "unfinished business".

Il rapporto di Lisa con i propri genitori è stato molto sofferto. Rispetto ai desideri di Lisa la madre ha avuto atteggiamenti di denigrazione e svalutazione. Comportamenti che producono ferite. Il padre l'ha sempre spinta verso mete molto alte perché si compiaceva nell'esporre alla società i trionfi della figlia, che primeggiava ovunque: negli studi, nello sport, nella professione... Per lui i successi di Lisa costituivano i propri trofei. Lisa è divenuta una donna intelligente ed affermata nella professione, ma colleziona relazioni fallimentari, poiché puntualmente si instaurano dinamiche di interazione di tipo sadico, dove lei è la parte sconfitta. Viene "usata" per la sua intelligenza e professionalità, defraudata della sua inventiva, e poi accantonata. Sul piano sentimentale si gioca le carte della sua intelligenza nel tentativo di conquistarsi un "posto" accanto al suo "principe" che, quando si accorge del suo intento, si infastidisce, la tratta male e la abbandona. Oppure è lei che abbandona la scena non potendo più sopportare gli atteggiamenti sadici e di rifiuto del partner estremamente narcisista... (Come il padre...)

Queste dinamiche sono articolate e complesse a spiegarsi, ma sicuramente il "risultato finale" che Lisa riesce ad ottenere è legato anche ai suoi modelli di comportamento acquisiti nell'infanzia e da "film" (Sogni) creati e vissuti solo da lei. È una sorta di gioco del gatto col topo dove lei è il topolino che fa tutto ciò che il gatto le chiede, fino poi a ritrovarsi "in padella"!

Nonostante tutto ciò, occorre tenere ben presente che le difese sono "pietosi veli" calati sulle ferite e sulle realtà dolorose. Per questo motivo, sono sacre e vanno rispettate.

Nei bambini la struttura psichica contiene, dopo tutto, per sua natura, gli elementi che sono proprio adatti alla **costruzione dei sogni**: illusione, idea magica, pensiero onnipotente.

I meccanismi della struttura psichica infantile sono i seguenti:

- illusione: che quello che si cerca esista;
- idea magica: di ottenere ciò che si desidera;
- pensiero onnipotente: il tentativo di ottenere ciò che si desidera non ha limiti;
- creatività: il bambino inventa di tutto nel tentativo di…;
- principio di piacere: non esiste rinuncia o sacrificio. I bambini non conoscono il senso del "limite".

È qui dove può avere inizio il percorso che condurrà l'adulto di domani ad agire con comportamenti nevrotici. Intanto il bambino cresce e, nel frattempo, si sviluppano e si completano altre strutture della personalità. L'intelligenza va maturando, trasformandosi nel tipo "ipotetico-deduttivo", pur essendoci il principio del piacere che domina ancora. Le esperienze si avvicendano. Ma… mescolata con la parte "cresciuta", si "cela" il bambino insoddisfatto. Si usano modelli comportamentali adottati nel passato e si cerca di legarsi affettivamente a persone scelte inconsciamente per poter soddisfare i bisogni dell'infanzia. L'adulto ha quindi conservato i comportamenti del bambino e li agisce per conto del piccolo. Ma regolarmente qualcosa non funzionerà, reiterando così una storia che non avrà mai fine.

Il perché non funziona lo vedremo in seguito. Va detto che l'io è comunque funzionante e l'essere nel mondo è possibile perché accanto alle esperienze frustranti ci sono quelle positive. Inoltre le esperienze negative sono protette dalle difese quindi, fino a che la persona funziona in modo equilibrato e con relativa sofferenza, esiste la capacità di gestire sé stessi e il mondo.

Questa sorta di coazione a ripetere e la reiterazione degli stessi modelli di comportamento, non hanno più luogo quando si decide e si riesce a compiere un lavoro di lenta e dolorosa **lettura della realtà** presente e passata; quando si giunge ad accettare la realtà per quella che è stata e si riesce a fare il **"funerale"** ai propri desideri, abbandonando i sogni.

Attraverso la lettura della realtà si sviluppa e matura il **"principio di realtà"** che prende il posto del "principio del piacere" (Freud).

Accettando la realtà, si accettano i **limiti** della vita e della propria storia e si abbandona l'onnipotenza, accettando la propria **impotenza**. Seppellendo il sogno e vivendo il dolore della perdita, si potrà essere in grado di guardare **la propria realtà per quella che è.**

Attraverso questi processi, che sono un "morire a sé stessi" per poter "ri-nascere":

- il senso di onnipotenza viene sostituito dal senso più reale del limite delle cose e dell'impotenza;
- al posto del principio del piacere domina il principio critico della realtà;
- al posto del sogno si impone la realtà del presente, "sfrondata" dalle realtà passate;
- l'atteggiamento magico si fa saggezza;
- la parte creativa rimane e il bambino se la porta con sé quando si integra con l'adulto.

Sarà l'**adulto** che è in noi, che ha fatto il suo percorso terapeutico, **a prendersi cura** del **bambino**.

Durante la fase di ricerca di sé e delle parti perdute, si opera un lavoro di rafforzamento "della base" che consiste nell'aumento della **stima di sé** e nel recupero della propria **dignità**.

Stima e dignità che resuscitano dall'amore e dal rispetto per sé stessi. E sarà questa parte "ricostruita" che ritornerà a **"prendersi"** la parte **infantile**.


## Storia di Narciso

Narciso è un bimbo solo. Ha sempre cercato di **"essere visto"**, essere tenuto in **"considerazione"**, ma gli adulti (i genitori o chi per essi), presi dalle cose della vita o da sé stessi, erano sempre troppo lontani o impegnati per notarlo, per dedicargli il loro tempo in modo amorevole e incondizionato. Quand'anche lo facevano, ed era raro, avevano sempre fretta ed il più delle volte erano freddi e scostanti. In questa condizione di solitudine siderale, tanto più intollerabile quanto più egli desiderava la loro vicinanza, Narciso decise di volersi bene da solo. Crea allora un nuovo gioco nel quale è contemporaneamente sé stesso e l'altro da sé. In tal modo pensa di riuscire a darsi quello che gli altri non gli danno; dice a sé stesso: "sei bellissimo", "il migliore", "il più bravo", "il più desiderato", "tutti ti vogliono bene e ti desiderano" e così via…

Ma i bimbi sono dotati di pensiero magico ed hanno la convinzione che prima o poi riusciranno ad avere ciò di cui hanno bisogno.

Accade così che Narciso, mentre gioca, si costruisce anche un sogno: "…un giorno, i miei genitori prima e qualcun altro poi, da grande, si accorgeranno di me, ed allora mi approveranno e mi vorranno davvero bene".

Passa il tempo e Narciso è divenuto oramai un ometto. Un giorno, passeggiando in un parco, arriva ad uno stagno. Mentre è lì sulla riva, vede un viso che lo guarda… e allora si avvicina di più, incuriosito. Vede l'altro che è, lui pure, incuriosito. Sorride e vede un sorriso di ritorno. A questo punto si ricorda del suo sogno e pensa che finalmente il suo grande giorno sia arrivato, la sua speranza sta per divenire finalmente realtà; egli pensa: "…qualcuno mi vede finalmente… allora è vero… adesso mi approverà!" Accecato dalla smania di realizzare il suo sogno, Narciso non si accorge che è sempre lui, soltanto lui che si riflette nell'acqua e, mentre si sporge per abbracciare la bella persona che ha di fronte, che gli tende le braccia e che sembra essere così felice di averlo incontrato, cade nello stagno e annega.

Non avendo mai avuto nessuno che gli facesse da "specchio" consentendogli di riconoscere sé stesso e di distinguere l'altro da sé, non riesce ad individuare sé stesso nello specchio d'acqua; perso nel suo sogno, prigioniero dei propri meccanismi di difesa e dei modelli narcisistici adottati, non si accorge di quanto sta per avvenire e, felice nella sua illusione, perde la sua vita. ***In the wounds there is what you did to me…*** *Nelle ferrite c'è quello che mi avete fatto.*

## Il nostro Narciso non muore

Quando cresce, ai personaggi che si era creato nella mente con la sua fantasia ed il pensiero magico, sostituisce il palcoscenico della vita.

Questo è per lui come una droga. Ne ha bisogno come l'aria che respira. Se dovesse elaborare i lutti di cui parlavamo, la prima angoscia che si presenterebbe è "*…ma dopo non mi rimane più niente… mi rimane il vuoto!*" Non si è ancora accorto che questo si manifesta già quando scompaiono i suoi "personaggi": la cosa più difficile da superare non è il palcoscenico vuoto, ma la rinuncia agli applausi, ossia all'ammirazione di cui si nutre.

Questo "vuoto" che si manifesta è solo il sintomo o meglio "l'astinenza" da ciò di cui fa uso per inebriarsi. "*...Il silenzio urla!*" dice un cliente. "*It's silence screaming*" ...il vuoto si "incazza"!

Il dolore di Narciso è ancora un dolore "della nevrosi" e non "storico"; è il dolore del "sogno" insoddisfatto. Parleremo di questo in seguito.

Si potrebbe anche spiegare a Narciso che questo senso di vuoto e di nulla, quando la platea si svuota, sono normali, se stiamo nel suo schema di riferimento, "*...perché è attraverso gli altri che tu brilli, mentre se brillassi di luce tua propria, il vuoto non calerebbe quando sei solo*".

Un cliente: "Oh, no! Non posso brillare di luce propria... perché sarei solo!"

"Questo è il prezzo della libertà...", gli rimando, "... ma lei non è solo... quando è libero... ci sono altri soli che, come lei brillano di luce propria..."

Cliente: "...ma io non posso pensare di non avere una platea..."

È la platea, sono gli applausi che funzionano da "**coperchio**" al suo dolore nascosto, alle sue parti ferite; al "vero vuoto" della sua ferita.

Non è possibile essere genitori perfetti, e non occorre pretendere questa condizione per decidere di avere dei figli. Tuttavia sarebbe auspicabile che i primi fossero più coscienti delle proprie modalità comportamentali e soprattutto emotive, per consentire una migliore relazione genitori-figli e favorendo un loro crescere e svilupparsi in sintonia con le "loro tendenze attualizzanti", e non secondo i nostri desideri...

Alla luce di quanto finora esposto, cerchiamo di comprendere da dove hanno origine i primi intoppi.

Riprendiamo l'esempio del bimbo che ha fame.

Quando ha fame, il piccolo invia il messaggio al mondo attraverso il pianto che costituisce l'unica modalità di comunicazione di cui dispone. L'adulto "risponde" in base alle **proprie** sensazioni stimolate o risvegliate da tale richiamo.

Quanto segue è tratto da una esperienza terapeutica.

Il bimbo Mattia ha fame, piange, il genitore riceve il messaggio e il suo mondo interno reagisce con i sentimenti della propria storia passata e presente.

Sono i vissuti legati alla propria storia che fanno vibrare emotivamente certe corde e non altre, pertanto pur presentandosi alla nuova esperienza con tutte le letture e le nozioni acquisite, con tutte le migliori intenzioni, le corde/emozioni che vibreranno saranno quelle che vengono dalla propria storia.

In questo caso il genitore di Mattia (ometto di proposito di specificare se si tratta del padre o della madre), interpreta questo pianto come un messaggio di prepotenza. Per altri potrebbe essere di fastidio o di paura, oppure di amorevolezza. Al genitore di Mattia sale una sensazione di odio – rabbia perché, a livello inconscio, c'è la sensazione di paura di dover soccombere al piccolo prepotente che lo "chiama" e che gli "ruba del tempo", che "lo vuole dominare".

I bambini piccoli, pur non avendo la facoltà intellettiva sviluppata, posseggono una forte sensibilità profondamente "empatica", per cui captano la sensazione di rifiuto attraverso tanti canali: la voce, il "tipo" di sudore, la pressione sulla pelle, l'atmosfera familiare, il temperamento dell'adulto… Il bambino vive così un'esperienza di rifiuto, di frustrazione, di impotenza a causa del proprio stato di dipendenza (non può procurarsi il latte da solo), e quindi di terrore per la propria vita. Si sente in pericolo ed incapace di risolvere il conflitto. E questa sensazione di malessere viene registrata da Mattia e gestita di conseguenza. Potrebbe rifiutare il seno o il biberon, strillare angosciato, succhiare avidamente e poi vomitare… (H.S. Sullivan) I "problemi" di Mattia incominciano da qui. Anche se non potrà ricordare questa fase, non cambia la sua situazione, perché quel **genitore** avrà sempre, in qualsiasi fascia di età quel **"suo problema"**.

## Narciso oggi. Ovvero l'illusorietà del virtuale

Vorrei spendere alcune note sulla attuale identità di Narciso e, ovviamente, sulle modalità con le quali si esplica il narcisismo.

Da alcuni anni, in questo momento storico-culturale, è possibile notare come l'identità "appaia" sempre più attraverso mezzi e tecnologie di espressione. Si sta sviluppando molto rapidamente una nuova tipologia di Narciso. Egli non appare, ma si ammanta sempre più di mezzi identitari di tipo tecnologico. Siamo spesso di fronte ad un Narciso che cerca di riempire il proprio vuoto e la propria solitudine con oggetti sostitutivi, quali tablet, smartphone, o videogiochi. Il suo "individualismo" non si esaurisce nella ricerca dell'approvazione di una "platea", bensì si inerpica in una gara virtuale, utilizzando modalità caratteristiche del mondo psicotico ed infine, di quello autistico.

Il narcisismo finisce per esaurirsi in sé stesso, in una sorta di cortocircuito autistico, senza nemmeno riuscire a trovare la possibilità della comunicazione, inutile perché senza scopo, ma utile perché scambio con l'altro (seppure superfluo), per poi concludere la sua traiettoria "nel mondo" nel lato estremo dell'affermazione virtuale della perdita, con un risultato che rischia di essere solo un gesto suicidario.

In altri termini, a differenza del narcisismo classico, dove gli spettatori sono in carne ed ossa e si riesce a tenere a bada la solitudine ed il senso di vuoto, nella relazione umana, nel narcisismo virtuale, gli spettatori sono dei megabyte (virtuali), il successo non implica un contatto umano, ma passa attraverso i "mi piace", di conseguenza la solitudine ed il vuoto interiore diventano una voragine, portando l'adolescente ai confini della dissociazione.

Il risultato cercato non è il successo proveniente dalla sconfitta "dell'altro da sé", ma tutto si esaurisce in una virtualità estrema nella ricerca del successo in sé, autisticamente inteso con la perdita della propria sconfitta del Sé (nella vita reale), per cui l'effetto si esaurisce perché implode in sé stesso. In quest'ottica si possono considerare le nuove droghe, le tecno-dipendenze e le sindromi che ne derivano, come quella conosciuta col nome "Hikikomori" (letteralmente: stare in disparte, isolarsi). Stiamo osservando un Narciso che nella ricerca dell'affermazione, è esploso con le armi micidiali della tablet-dipendenza, dei videogiochi, dei social network...

È qui che si fa strada il narcisismo letale, attraverso il quale si diventa famosi morendo. Su un piano clinico, si può dire che un adolescente, a livello inconscio, decide di morire per essere visto. Perché questo accade?

Le radici di tanta triste realtà affondano ancora, come è ragionevole attendersi, in una logica di dinamiche di sviluppo (e quindi anche di possibile involuzione) nella patologia delle figure di riferimento di queste creature. È disarmante osservare come i ragazzi siano immersi nella leggerezza dell'essere degli adulti, davvero insostenibile, almeno quanto il riverbero incessante dell'indifferenza, contraffatta dalle inutili attenzioni intrise di controllo per la propria tranquillità, piuttosto che dal sincero interesse per la cura dell'altro.

Il mondo esterno non aiuta né gli uni né gli altri, siamo bombardati dalla volgarità senza alcun fondamento, da un insieme variegato di messaggi e dettagli vuoti, dalla ripetitività di slogan e di cambiamenti che non lasciano nemmeno il tempo di essere visti e valutati. A qualsiasi servizio di informazione ci si rivolga (la televisione ad esempio) sperando di vedere qualcosa di sostanzioso, si è delusi, in una gara per la ricerca di soluzioni, che spesso non solo è virtuale, ma addirittura produce i problemi che tenta di affrontare.

Tutti questi aspetti di contesto non aiutano un bambino in via di sviluppo a strutturare una identità che sia il frutto delle naturali inclinazioni e delle personali potenzialità attualizzanti, ovvero capace di confrontarsi con la complessità del mondo e della realtà, sapendo utilizzare la virtualità senza subirla o confonderla.

Sul piano clinico, essendo la fenomenologia di questo Narciso recente, non esiste ancora una casistica che ne descriva le conseguenze funzionali e patologiche, con le relative modalità di recupero. Per ora i ragazzi in difficoltà sono seguiti dai servizi sociali, presso reparti ospedalieri di neuropsichiatria infantile e da volontari che, per varie motivazioni contingenti o di prossimità, vengono a trovarsi nelle condizioni di occuparsene.

Ringrazio la Dott.ssa Valeria Ugolini, psicologa e psicoterapeuta presso Azienda USL di Ferrara, nel dipartimento Assistenza integrata, Salute mentale, Dipendenze patologiche, per il suo contributo nella stesura di queste considerazioni sul Narciso virtuale.

# La terapia e il suo percorso



> *"…It's gonna be a long walk home…"*
> *Bruce Springsteen*

*La terapia*

Il processo terapeutico si svolge attraverso una serie di fasi che piano piano attraversano le stratificazioni della personalità del soggetto, per poter passare dalla superficie alle parti più profonde, ove risiedono conflitti antichi o meglio, le antiche ferite che sanguinano ed i vuoti che reclamano i loro diritti. Non può avvenire subito di entrare nel fluire del proprio *essere* del presente e nell'*essere stato* del passato. Le strade possono essere tante e variano anche in base alla formazione terapeutica cui il professionista appartiene.

Personalmente, a scopo esemplificativo e cercando di essere semplice e descrittiva nell'esporre un lavoro che di fatto ha connotazioni scientifico-cliniche complesse, ho individuato delle "fasi" del percorso terapeutico, anche se in realtà la psicoterapia è un fluire di parole, sogni, immagini, eventi, ricordi, e così via… una sorta di puzzle che va ricomposto.

Diceva il mio maestro Carl Rogers: *"Il cliente deve essere lasciato libero di "spaziare" dove vuole, cioè bisogna lasciarlo andare dove vuole. Perché solo lui conosce la sua storia, Il suo raccontare è come l'acqua che sgorga da una sorgente e scorrendo deve trovare un suo percorso per fluire verso il mare. L'acqua, se la si lascia andare, nel suo percorso sarà essa stessa che formerà i suoi anfratti, troverà e formerà il suo letto, le proprie sponde… e così fluirà secondo la sua natura; che sono i suoi tempi, i suoi ritmi, le sue capacità. E ti condurrà verso l'oceano della vita…"*

Nel corso della mia esposizione delle volte userò la parola "persona" riferendomi al cliente, cioè a colui che si sottopone a una psicoterapia. Altre volte userò il "noi", poiché tutti siamo portatori di pagine e pagine di storia scritta nel nostro essere.

In una prima fase, la persona può produrre prevalentemente del materiale che è un continuo lamentarsi del "mondo": di quello che non va, dei soprusi che subisce da parte degli altri, dei fallimenti con gli altri, con il mondo, con le cose, con sé stessi.

Ho usato il termine "prevalentemente" proprio per puntualizzare che non esiste un ordine rigoroso o programmato circa i problemi e le tematiche da affrontare; si tratta piuttosto di un "raccontare", in senso generale, di quanto si è sfortunati, feriti, impotenti, ecc.

Raccontare di sé a partire da questa modalità è comprensibile in quanto la persona, in questa fase, "vede" solo quello che va storto e non comprende il perché di ciò.

E quello che vede all'inizio del tortuoso cammino che lo aspetta attraverso la psicoterapia, è solo quello che sta in superficie. Spesso succede che, nel primo colloquio, la persona parli dei suoi disagi, del malessere e delle sventure che "regolarmente" si ripetono ed aggiunge: *"non ne posso più, voglio capire il perché…"*. È il pianto di chi sta vivendo la sua vita in attesa che i suoi bisogni antichi siano soddisfatti da parte degli altri… (ma lui questo non lo sa). Essendo questa attesa, il più delle volte, vana, l'amarezza continua a crescere… e i "fallimenti" si ripetono…

La persona ha costruito negli anni **un'impalcatura contorta** di sé che si esprime nel mondo con modelli scarsamente funzionali, e di cui la persona non è consapevole, per cui è convinta che il "mal funzionamento" esista fuori da sé. Da qui l'insoddisfazione generale, il risentimento verso il mondo.

Il lavoro terapeutico ed il processo di evoluzione del "sé", consisterà nell'elaborazione dei vissuti di frustrazione, di sofferenza, di paure, di rabbia, di confusione ed in una ricerca presente o remota di **"come"** avvengono o succedono i fatti e di **"cosa"** succede.

In una fase successiva, i contenuti della persona si focalizzano, con maggiore specificità, nei contenuti che riguardano gli altri, i familiari, i conoscenti… le loro modalità di comportamento che spesso sono percepite frustranti, le difficoltà nelle relazioni… di come gli altri non cambino… e così via…

Questo lavoro di esposizione dei "fatti", accompagnati da un "vissuto emotivo", è determinante per dare avvio ad un lavoro di "introspezione".

Si scopre il proprio modo di "giocare" le carte; come gli altri a loro volta giocano e come questi giochi si intrecciano dando luogo spesso a fraintendimenti.

Ad un livello più profondo, si esplicitano (diventano chiare) le dinamiche di *ciò* che accade, *come* accade e *perché* accade.

Attraverso il contatto con sensazioni ed emozioni che emergono e che accompagnano il farsi luce delle situazioni, sia rispetto a sé stessi (Io-Me) sia come reazione agli altri (Io-Tu), si individua il malessere del relazionarsi con l'altro e di come alcune relazioni siano infelici e insoddisfacenti, deteriorate o anche malsane.

Le sensazioni ed emozioni che emergono, emozioni legate all'Io-Tu, danno origine e trascinano con sé emozioni e sensazioni che incidono nella struttura "dell'esistenza" dell'io e sono legate all'Io-Me. Sono il senso di impotenza (l'incapacità di gestire la situazione), di dolore (sono impotente, sono "non protetto"), di paura (sono solo, in balia di me stesso, non c'è nessuno con me).

Questo aspetto psico-filosofico è trattato con chiarezza in un booklet che tratta l'abuso sessuale nell'infanzia dal punto vista clinico e con molti esempi che chiariscono il concetto. Il libretto sarà messo in vendita tra poco.


Il cliente si incontra con il proprio Io "vero" – con la propria storia del presente – con i frammenti di storia trascorsa. Passato e presente si sovrappongono in alternanza.

Il viaggio all'interno del proprio Io riconduce a quei luoghi del passato che sono depositari di sentimenti e contenuti positivi e negativi (negativi in quanto non si accettano o fanno male o fanno paura) in cui si rivive l'esperienza dell'essere stati soli ad affrontare sé stessi e il mondo, e di avere accantonato le esperienze dolorose perché troppo difficili da "contenere", troppo confuse da comprendere, noi troppo impotenti per essere capaci di fronteggiarle, troppo deboli per reagire e spaventati perché incapaci di affrontare la propria realtà o il " vivere nel mondo". Si ritrovano frammenti della propria storia, si recuperano emozioni dimenticate. Ritornano improvvisamente emozioni sotto forma di ricordi o immagini. Spesso il cliente dice: "...questo lo sapevo già ma era come sepolto...". Si identificano le ferite, i vuoti, i sogni costruiti con tanta fatica, le letture confuse di realtà ambigue o distorte, le paure che giacciono nella struttura dell'essere… da una vita…

Nel viaggio a ritroso e all'interno di sé, attraverso processi di "insostenibilità" delle modalità dell'essere e in situazioni che impediscono ad un potere personale di emergere, si **abbandonano quelle sovrastrutture** (i ponteggi) che furono costruite per relazionarsi col mondo e gli altri nel modo che, a quell'epoca, fu il più "salvifico" per noi.

È importante tenere presente che ritornare al passato o leggere il presente, non è sufficiente per apportare un cambiamento dentro di sé. Occorre l'elaborazione dei **lutti** e l'instaurarsi della *consapevolezza* prima e della *coscienza* poi, di dover **rinunciare** a ciò che **non** si ha **avuto** nel passato e ai "**sogni**" costruiti poi, a **chiudere ferite** del passato che continuano a sanguinare. Il terapeuta rispetterà la ricostruzione delle vicende così come le prospetta il cliente, magari avendo cura di favorirne la congruenza tra il suo sentire e la realtà ambientale decritta dal cliente.

Delle volte, anche se ci rendiamo conto che i *comportamenti* che adottiamo sono a sfavore di una propria libertà di essere, pur assistendo come spettatori agli eventi che ci connotano come vittima o come carnefice, non riusciamo ad abbandonarli.

I *conflitti*, pur facendoci soffrire, sono il meglio ed il massimo che in quel momento siamo in grado di creare ed attuare, e queste situazioni, dunque, devono avere la **dignità** di essere. Se le situazioni non riescono a mutare, esistono sempre delle motivazioni per cui il soggetto persiste nello stesso comportamento; e sono proprio queste motivazioni che vanno ricercate, analizzate, comprese e, se fosse impossibile cambiarle, sono da rispettare. Essendo lì per motivi ben precisi, sono sacre, sono da rispettare e vanno accolte come "cittadine del proprio mondo".

Le strutture che abbiamo costruito nel corso della nostra crescita sono state frutto di grandi sforzi ed è stato il massimo che siamo riusciti a realizzare. Modificare i nostri comportamenti significa "smontare" tali strutture così faticosamente prodotte per dal luogo a nuove modalità di entrare in relazione con sé stessi e con gli altri, consentendo così l'attuabilità di un cambiamento.

Affinché questo processo avvenga, occorre tempo e tanto delicato rispetto per ciò che fino a quel momento ciascuno è riuscito a costruire.

Un cliente, in una sua poesia ha scritto:

"*…ho bisogno ancora di lunghe assenze;*

*forse, il nostro arrabattarci*
*è possente richiesta*
*di rispetto e di giusto silenzio…"*

Man mano che le sovrastrutture vengono smantellate, cala il bisogno di supporto esterno, il che significa avere meno bisogno dell'altro. Dunque quell'energia che veniva vanamente impiegata nei disperati tentativi di ricevere l'aiuto dall'esterno, viene ora diretta all'interno di sé ed impiegata per costruire la stima verso sé stessi.

L'atteggiamento interiore, rispetto alle cose ed alle persone, cambia. Si instaura una netta separazione tra sé e le cose; si afferma la coscienza del proprio esserci non più intrisa di emozioni e di vissuti di un passato irrisolto.

Il rapporto tra sé e le cose diviene diretto e si esaurisce nel **qui ed ora** delle situazioni contingenti: "se mi inganni, mi arrabbio con te e lo faccio subito, senza aspettare un altro momento o un'altra occasione, e senza caricare l'arrabbiatura di altri significati (del passato) se non quello dell'inganno subìto nel presente".

## Sovrastrutture e lutti

Abbiamo parlato dell'eliminazione delle sovrastrutture, che costituiscono la modalità nevrotica con cui entriamo in relazione con noi stessi e con il mondo. La strutturazione nevrotica è ciò che abbiamo costruito per sfuggire ai conflitti, alle paure e ai dolori del passato e con la quale ci accaniamo nelle situazioni del presente.

Finché agisce il meccanismo della nevrosi, se una parte della vita "ce l'hanno rovinata gli altri", l'altra parte la distruggiamo noi. Spendiamo una notevole quantità di energia e di forze nel tentativo di capire e cambiare gli altri con la speranza di ottenere da essi ciò di cui abbiamo bisogno anziché cambiare noi stessi.

Dice un pensiero filosofico orientale: "…quando saremo riusciti a capire noi stessi, non avremo più bisogno di *capire* gli altri perché *li vedremo*".

## Abbandonare i sogni ed elaborare i lutti

Solo *l'abbandono dei sogni, l'elaborazione dei lutti* e la *rimarginazione delle ferite* consentono di vedere dove sta l'origine dei problemi.

Bisogna morire a sé stessi per ri-nascere e poi ri-trovarsi; se non si accetta *l'impotenza e la sconfitta del bambino* che sta dentro di noi, si sarà condannati alla rabbia e alla paura. E le ferite dolorose continueranno a sanguinare.

L'elaborazione del lutto avviene tra *sogno, frustrazione e realtà.*

| *Sogno* | *Frustrazione* | *Realtà* |
|---|---|---|
| Che qualcuno mi veda | Non succede | Non mi vedrà mai |
| | | Ho perso la partita |

Oltre ai sogni da abbandonare, dobbiamo poi **smettere** di usare quei "**modelli**" che servivano per ottenere le cose, ma che poi non hanno funzionato in quanto hanno prodotto reazioni contrarie alle aspettative e ci hanno indotto a "costruire film" solo nostri.

Ad esempio: io sorrido per ricevere benevolenza; io piango per ottenere comprensione; io mi faccio da tappetino/zerbino affinché il mio carnefice mi risparmi o si innamori di me; io sono disposto a tutto affinché tu mi accolga nel tuo mondo… e così via.

I nostri comportamenti, intrisi dei meccanismi della nostra nevrosi, non producono le reazioni sperate ma, anzi, la maggior parte delle volte si verifica proprio l'opposto e non ne riusciamo a comprendere il motivo: "…perché? …cosa ho fatto? …perché mi trattano così?". Ecco il fallimento e la reiterazione dell'antico modello.

In altri termini i "modelli di comportamento" che adottiamo nella vita di relazione, sono i nostri tentativi di realizzare i sogni/vuoti e quindi di soddisfare i nostri bisogni.

Ecco che i nostri atteggiamenti, il nostro modo di rapportarci agli altri, le nostre spinte emozionali saranno prepotentemente guidate dal desiderio di soddisfare i nostri bisogni e dunque di veder realizzati i nostri sogni, e tutto ciò non costituisce altro che la premessa del fallimento, poiché gli altri non rispondono secondo le nostre attese. E anche quando un'attesa dovesse venire soddisfatta, in realtà si subisce un rinforzo per cui il nostro comportamento, e quindi il nostro bisogno, non si esaurisce con l'esperienza positiva, ma si ripeterà ancora… e poi ancora… in un meccanismo che è una *richiesta/prova* senza fine, finché i nostri nuclei nevrotici non saranno risolti.

Il **percorso** all'interno di sé stessi per trovare le ragioni del proprio comportamento, ci conduce a **contattare il bambino** di allora e lo si riconosce individuando il comportamento, una emozione *"dell'essere ferito"* ora adulto, ma che risalgono a qualcosa di antico.

Prendiamo l'esempio di una cliente che ritrova la bimba e dice: "...sono stordita: io sono amica di Giuditta, ma perché mi faccio da zerbino... e faccio finta di niente quando mi fa un torto, quando mi offende, quando offre a tutti una fetta di torta meno che a me... e io faccio finta di niente e sorrido... e... mi sale un senso di vergogna... (silenzio) ...anche da bambina facevo così... (piange) ...venivo accusata ingiustamente anche di fronte ad altre persone... mi vergognavo... però sorridevo...".

Il *sorriso*: è il dolore incanalato; è la vergogna, la mortificazione celata; è il dolore impotente pietrificato... è la ferita inascoltata. Quando la cliente giunge a queste considerazioni, la sua parte adulta vede la realtà. Questo non implica necessariamente il cambiamento, poiché l'incapacità di fare diversamente può essere ancora predominante (manca "l'erba" della dignità), tuttavia si comincia a ricostruire il senso dei propri comportamenti e delle "buone ragioni" che li producono, ossia delle motivazioni sottostanti ed i comportamenti/strategie adottate.

Un altro esempio. Marta è senza figli. Si occupa molto dei nipoti, della loro crescita, di come il fratello e la cognata si comportano con loro, ma con una certa discrezione. Fa molti regali ai nipoti, si interessa dei loro studi, delle scelte che faranno.

In terapia si lamenta perché a fronte di così tanta dedizione i nipoti sono troppo distaccati e ingrati, e lei ne soffre. Scopre che la sua "buona ragione" nel fare tutto ciò consiste nell'attesa di un "ritorno" che consiste in un'affettività di tipo filiale da parte dei nipoti.

Scopre che li trattava con quella modalità con cui avrebbe voluto essere tratta *lei* da sua madre. Ed era *lei* che sarebbe stata così grata per le attenzioni ricevute...

Ma anche se fosse più attenta, più gentile, più premurosa dei genitori, i nipoti non potrebbero comunque rispondere alle sue attenzioni con un affetto di tipo filiale, perché lei per loro è solo la zia, seppur cara, ma solo la zia.

È stato difficile per Marta rinunciare a realizzare il suo bisogno. Questo le ha comportato frustrazione e di conseguenza in alcuni momenti ha reagito attuando degli atteggiamenti di durezza nei confronti dei ragazzi, risentita e rammaricata per non ricevere da loro ciò che avrebbe voluto.

Quando è riuscita a viversi solo come zia, le relazioni sono migliorate.

Continua a fare regali ma con una diversa disposizione d'animo.

Le modalità relazionali di queste persone sono i *sogni* trasformati in *modelli di comportamento* che falliscono, perché l'altro non risponde alle attese.

Il processo di elaborazione dei nuclei conflittuali è molto lungo e complesso. I giochi continuano a reiterarsi, le sofferenze diventano più coscienti, vive e cocenti. I prezzi che si pagano pesano sempre di più, le paure e i timori che emergono nel tentativo di "cambiare i giochi" diventano più chiari, la dignità fa capolino… ma si continua il gioco ancora con le stesse antiche regole.

È tuttavia importante tenere conto del fatto che quando si cerca di uscire da certe dinamiche consolidate (giochi) di interazione, il mondo esterno non sempre è disposto a ben accogliere il cambiamento che si cerca di attuare e che anzi, proprio perché abituato ai vecchi giochi, agirà, e spesso anche in maniera aggressiva, dei meccanismi che tenderanno ad ostacolare tale cambiamento. Il cambiamento di ciascuno, inoltre, implica necessariamente un cambiamento nell'altro che interagisce con lui/lei, e a tale cambiamento l'altra parte può porre resistenze per una serie di buoni motivi, tra cui il sentirsi costretto a modificare il proprio comportamento e le strategie di adattamento.

**Non è semplice descrivere un processo di cambiamento**; tuttavia se ne possono delineare gli aspetti più salienti individuando nella storia di ciascuno i momenti cruciali da cui possono essere originati.

Quello che intendo illustrare in questo mio libro, non è come si ottiene un cambiamento, ma che cosa succede quando questo è in atto.

Parlerò di:

- *accanimento*: è il meccanismo che mettiamo in atto per realizzare sogni e bisogni e in questa trattazione sarà definito *"fili d'argento"*;

- *gelato alla fragola*: simbolizza il sogno che si è strutturato. È il "vuoto" / il non avuto.

- *mele verdi*: sono la realtà "vera";

- *mele rosse*: sono la realtà idealizzata costruita al posto della realtà vera con cui si deve fare i conti e che spesso determina risposte frustranti rispetto alla modalità con cui interagiamo con gli altri e con il mondo esterno;

- *lutto*: è il processo di abbandono delle varie impalcature e dei sogni che sono serviti nel passato per salvarci, celando il dolore, ma che ora sono di ostacolo allo sviluppo del proprio "potere personale", per cui non si riesce più a stare nel flusso della tendenza formativa.

Prima di entrare nel merito degli aspetti salienti che gestiscono il "modo di essere nella sofferenza", tento di esporre in modo schematico la situazione in cui ci troviamo.

*Il bambino ha il "diritto" di essere* **amato** *e di ricevere* **affetto incondizionato.**

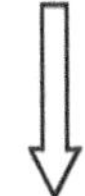

*Può succedere che la situazione e l'ambiente in cui vive, le circostanze della vita, manifestino qualcosa che costituisce un* **ostacolo all'autorealizzazione.** *Esperienze che impediscono al desiderio e alla tendenza attualizzante di sviluppare in modo compiuto le proprie potenzialità.*

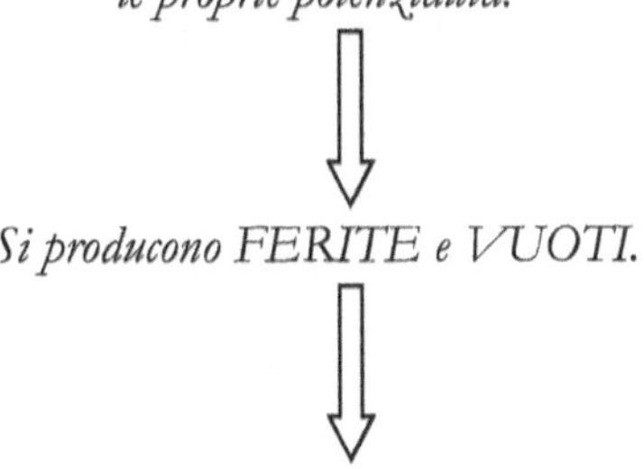

*Si producono* FERITE *e* VUOTI.

*Il bambino* **non può essere in grado di gestire questa realtà**: *una realtà diversa da quella di cui avrebbe bisogno e che sovente è costernata da liti, durezza, freddezza, maltrattamenti fisici e psicologici, eccessiva protezione, trascuratezza, eccessivo rigore, ossessività, comportamenti incoerenti, punizioni esagerate e arrivate in momenti sbagliati, e altro ancora.*

*In questo clima, il vissuto che si esperisce, è di* **non** *sentirsi amati,* **non** *visti,* **non** *considerati,* **non** *ascoltati,* **non** *accettati,* **non** *aiutati, valorizzati solo se si realizzano certe condizioni,* **incapaci** *di decodificare i messaggi.*

**L'ambiente familiare è turbato** *da dinamiche che si giocano sull'incoerenza e sull'ambiguità. Messaggi ambigui – realtà che sono tutto ed il contrario di tutto – amori*

*condizionati da presunte pedagogie vincenti – maltrattamenti.*

*Il bambino,* **per sopravvivere** *a tutto ciò, ha bisogno di "***calare dei veli pietosi***" sulle ferite prodotte dalle esperienze dolorose. Pur essendo nascoste, le ferite sanguineranno.*

*Al posto di ciò che non è stato, si forma* **il vuoto** *e nel bambino comincia ad insinuarsi il* **sogno** *di veder realizzato, prima o poi, ciò che desidera.*

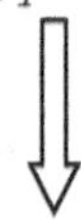

*Ecco che il bambino si adopererà con* **modelli comportamentali vari** *a creare situazioni e a porsi nell'attesa di ricevere ciò che sente gli sia dovuto, ossia di realizzare i suoi sogni. Si immagina anche un* **modo di stare insieme** *con la sua famiglia che è l'esatto contrario (le mele rosse) di ciò che vive nella realtà (le mele verdi).*

*Per tutta la vita* **ricercherà** *la realizzazione di questi sogni.*

Per farlo, girerà con i suoi *fili d'argento*, attraverso i quali cercherà di nutrirsi di "quel nettare" che desidera. Oppure riproporrà a sua volta la sua amara realtà nel tentativo di "esorcizzarla"; si tratta di dinamiche complesse, dove i ruoli di vittima e carnefice si confondono e si inter-scambiano.

A questo punto è opportuno fermarci un attimo e tornare a vedere quanto, coloro che sono nella sofferenza, non vedono.

### Qual è la realtà?

Usando una metafora potremmo dire che ognuno di noi **dovrebbe** vedere e convivere con le proprie "mele avvelenate" e quindi cercare di non "avvelenarsi" l'esistenza da adulto.

Sovente invece, noi sogniamo la "mela rossa", perché nel passato non abbiamo trovato nessuno che ci aiutasse a "stare" in quella situazione (relazionale o familiare) che è purtroppo, all'insegna dell'impotenza e di un profondo senso del limite e impossibilità reale, data l'età, di fare qualcosa.

Il lavoro di "**contenimento**" che è mancato al piccolo di allora, lo farà il terapeuta all'adulto di poi. Occorre puntualizzare che, laddove il meccanismo di difesa strutturato ha fatto sì che si negasse la propria storia, le strutture della personalità portano con sé modelli sadici e vittimistici che vengono usati in maniera interscambiabile determinando in tal modo una personalità più complessa e di cui non si tratterà in questo libro.

Come sostiene J. P. Sartre nel suo No Exit: "...altre persone possono incatenare un individuo alla propria identità attraverso le modalità d'interazione. Un genitore, un congiunto, un amico, una figura autoritaria, possono esercitare una pressione perché l'altro si comporti e viva secondo modalità che sono dei rituali".

Il liberarsi dell'impatto che si ha rispetto alla presenza fisica o psicologica di un'altra persona, è il primo passo verso la realizzazione della propria libertà di crescere.

## Come sarebbe potuto essere? Questa è la storia del Sé

Se i genitori fossero rispettosi della personalità altrui, cioè **accompagnassero** (e non "manipolassero") il cucciolo di uomo nel suo evolversi verso la realizzazione del proprio sé, il bimbo non sognerebbe la "mela rossa", o il "gelato alla fragola", perché **esisterebbe** nell'essere del **qui ed ora** e, una volta raggiunta l'età adulta, non ne avrebbe più bisogno, essendosi "saziato" (esperito ciò di cui aveva bisogno) da piccolo, alla sua giusta fonte. Ora lui e la mela rossa e il gelato alla fragola, sarebbero la stessa cosa perché è l'esperirsi nella pienezza delle proprie potenzialità ed in un ambiente accogliente ed accettante, *la chiave della maturazione verso la libertà, nel rispetto di sé stessi e degli altri*, nell'acquisizione di un *potere personale* che, come dice Carl Rogers, è la massima espressione della **tendenza attualizzante**.

La **tendenza attualizzante** è la tendenza dell'organismo a sviluppare tutte le sue capacità in modalità che servono a mantenere o a valorizzare l'organismo.

È uno svilupparsi verso l'autonomia e lontano dalla eteronomia o controllo da forze esterne.

Anche nel mondo della fenomenologia si parla di "èlance vital", un'energia che spinge verso la vita ed il cui impedimento provoca "reazioni" distruttive per l'organismo.

Si tenga presente, che da questo tipo di interazioni, sono ovviamente esclusi quei desideri e quei comportamenti dei bambini che sono frutto della loro immaturità rispetto "alle cose del mondo" e quindi al di sopra delle loro possibilità di comprensione; mi riferisco a episodi della quotidianità che possono essere il desiderio di attraversare la strada da solo o prendere le chiavi dell'auto senza averne il consenso… e cose simili.

*Ad un adulto ferito che gli chiese: "…maestro, parlami dei miei dolori", il maestro rispose: "…i bambini quando crescono hanno bisogno di affetto incondizionato, di crescere ascoltati, di essere visti, tenuti in considerazione, apprezzati per le loro piccole cose, aiutati nello scoprire e sviluppare le proprie potenzialità…".*

I figli non hanno nulla da dare in cambio quando sono piccoli. Restituiranno l'affetto in seguito ed al di là dell'essere stati amati o meno… poiché "hanno bisogno di essere amati!!" Se un bambino diventa scostante, come dicono alcuni genitori, qualcosa di distorto è già in atto da parte del mondo esterno: non è mai "colpa" del bambino. Questo *amore ferito* non lo condurrà verso uno sviluppo autonomo, ma lo *legherà* sempre più in un rapporto di dipendenza/conflitto con il genitore prima e poi con il mondo degli adulti e delle cose.

Si tenga presente che quando un bambino risulta essere caratterialmente "difficile" o "ribelle" (queste si chiamano "reazioni"), è fortemente ferito (questo è il "dolore" dell'Io-Me) ed è estremamente dipendente dall'adulto.

Occorre distinguere una dipendenza biologica da una dipendenza nevrotica. La prima consentirà al bambino di portare nutrimento al suo essere persona e gli consentirà di staccarsi naturalmente dal nucleo familiare di origine per entrare nel mondo. La seconda invece, fa sì che sia il genitore che non riesce a staccarsi dal bambino, investendolo dei propri problemi, frutto a sua volta dei suoi nuclei infantili irrisolti, per cui il bimbo, intrappolato in questa sorta di ragnatela, non sarà in grado di separarsi e di staccarsi e attiverà dei comportamenti mirati a realizzare quelli che nel frattempo saranno divenuti i suoi sogni.

Nel ripercorrere la strada della propria storia, si arriva fino ad un punto in cui ci si perde nel "mondo dei se": *cosa sarebbe successo se…, se avessi fatto…, se i miei genitori avessero…* Questa è una strada senza via d'uscita. L'unica **strada possibile** è la realtà di ciò che è stato. Nessuno potrà mai fornirci risposte per queste domande, perché nel "mondo dei se" non esiste nulla, nemmeno un terreno su cui camminare poiché non esiste trama alcuna.

In sintesi le realtà con cui conviviamo sono tre: *sullo sfondo c'è quello che "avrebbe dovuto essere" – poi c'è la realtà che "sogniamo" – e, in primo piano, la realtà di "ciò che è stato".*

## Riprendiamo ad analizzare da vicino questi "aspetti salienti"

*I Fili d'argento*

I bisogni che cerchiamo incessantemente di realizzare, possiamo immaginarli come dei "fili d'argento" che portiamo con noi e con cui cerchiamo di avvolgere l'altro e le situazioni, attuando i meccanismi storici della nostra nevrosi. È un tentativo di veder realizzati i nostri bisogni e costituisce la modalità di essere legati all'altro. Il "filo d'argento" è quindi, la rappresentazione metaforica dei *sogni* e dei *bisogni* che tentiamo a tutti i costi di realizzare, ed è "quello per cui si vive…".

Ognuno di noi si relaziona nel mondo cercando di avvolgere i propri fili attorno all'altro ricercando nutrimento in ragione di quel "non avuto" nell'infanzia. Nutrimento che, attuando questi meccanismi, non potrà mai soddisfare il bimbo che è in noi e che siamo stati. Quindi questi fili risulteranno "sterili"… Spesso siamo convinti di essere innamorati di una persona, ma, in realtà, siamo innamorati del "sogno" che questa persona rappresenta per noi…

Ma perché tutta questa fatica nel perseguire una sorta di circolo vizioso che in realtà non ha soluzione? Se una fontana (genitore) è arida e non ti ha dato l'acqua che cercavi, andrai in giro per il mondo a ricercare quella fonte e quel tipo di acqua, perché vuoi che sia "proprio quella" e non un'altra, a darti ciò che desideri. Ma tutte le fontane di quel tipo non daranno mai la tua acqua e anche se incontrerai altre fontane pur zampillanti di acqua fresca non te ne accorgerai, oppure "non ti piacciono", oppure ti gratificheranno ma **non** te ne innamorerai mai, oppure ancora, anche se troverai "quella giusta" l'acqua per quanto sia in abbondanza, per te non sarà mai sufficiente, perché sei un pozzo senza fondo… È il meccanismo di accanita e vana ricerca che si reitera dall'infanzia sino all'età adulta.

Si spiega così quel lamento del tipo: "…perché continuo ad incontrare persone che mi fanno soffrire?" Questa è la conseguenza del voler esperire la nostra vita attraverso i nostri fili d'argento nell'illusoria speranza che qualcun altro, prima o poi, soddisferà i nostri bisogni dell'infanzia ed esaudirà i nostri desideri.

Come si fa allora a chiudere la partita con il proprio passato? *Chiudendo le ferite dei propri dolori;* e per fare ciò **occorre** abbandonare i sogni, **"riempire il**

**vuoto con il vuoto" e chiudere le ferite che sanguinano.**

*Il gelato alla fragola*

Utilizzando un'ulteriore metafora, il gelato alla fragola rappresenta il bisogno *specifico* della nostra storia, e deve avere "quel" colore e "quel" sapore; ossia ci deve essere dato da "quella" persona e in "quel" momento. Il "non avuto" che origina proprio da qui (il bisogno specifico nell'epoca giusta, cioè nell'infanzia), avvia l'instaurarsi di una serie di modalità di interazione (i fili d'argento) con gli altri e con se stessi, che sono finalizzate a colmare quel vuoto. Si tratta di modalità uniche, così come **specifica era la richiesta** fatta ad *una persona specifica, in un momento specifico*, e che solo quella persona, in quella situazione ed in quel momento avrebbe dovuto soddisfare. L'esperienza invece di frustrazione di fronte al mancato soddisfacimento della richiesta, ha provocato delle "ferite" e un "ulteriore vuoto" che, nel bambino prima e nell'adulto poi, si cercherà di colmare attuando tutta una serie di modalità che poi risulteranno sempre inefficaci. Sono i famosi fili d'argento costruiti con forti sprechi di energia, ma coi quali si cercherà di avvolgere l'altro ed ai quali ci si aggrappa disperatamente… per avere "quel gelato alla fragola".

Durante un colloquio: "*…i sogni servono a coprire il vuoto e le ferite…*" disse Fulvia. Sì, perché il gelato alla fragola è "un sogno".

*Voglio raccontarvi il sogno di Maura*

Maura per anni ha inseguito il *sogno di essere vista e gradita* da suo padre anche per quello che lei era, e non solo per quello che lei, ubbidiente, faceva per piacere ai suoi genitori.

Per ottenere questo, aveva accettato di rispettare rigidissimi valori morali che, con il passare degli anni, si rese conto non erano funzionali né al suo vero modo di essere, tanto meno a far sì che lei fosse "vista". Suo padre era chiuso in un mondo suo e l'unica cosa che sembrava interessargli, era che i figli condividessero i suoi stessi valori e si comportassero di conseguenza, senza dar spazio a nessun altra maniera di vedere il mondo. Non c'era posto dunque per Maura nella sua vera natura e cioè, per quello che era. Ma lei non lo sapeva.

Maura si è adeguata a tutto nell'attesa di essere "vista". Adesso che è adulta si adegua a tutti i mutamenti di umore del fidanzato, in attesa di "essere vista" e di vedere riconosciuti i propri bisogni e desideri, dopo aver sopportato tutto ciò che le viene imposto. Ma questo riconoscimento non arriva, anzi, è accusata di non essere sufficientemente sensibile ad accogliere anche il non detto!

Attraverso un processo di elaborazione dei sensi di colpa nei confronti del padre, del ragazzo e addirittura di sé stessa (durante un colloquio ha affermato: "...non ho nemmeno il diritto di dire a me stessa che sto male per le offese che ricevo..."), e dei valori che le sono stati imposti e che non condivideva appieno, quando ha sentito nascere dentro di sé bisogni diversi dai precedenti e, insieme a questi, un senso di libertà, l'idea di abbandonare questi schemi rigidi *"che tuttavia mi hanno anche dato sicurezza"*, come lei stessa afferma, ha avvertito il dolore dell'addio a *"compagni scomodi ma sicuri della mia vita"*. Insieme a questi abbandoni, anche il sogno della sua vita, che è quello di essere vista, si sta infrangendo.

Occorre *"camminare"* molto piano con Maura perché, oltre all'elaborazione del lutto di un sogno, deve "mutare la pelle" da schemi non suoi. Infatti ogni tanto emergeva una paura: *"...e dopo...? ...questi schemi sono stati la mia sicurezza... cosa faccio dopo? Come faccio? Questi schemi non sono mai stati i miei... quali sono i miei?"* Infatti, Maura non conosce le proprie potenzialità, i suoi talenti veri.

Solo attraverso ripetuti stati di sofferenza e di presa di coscienza del proprio esperire, si possono modificare le emozioni e poi i comportamenti. Il vivere profondamente ciò che sta succedendo e quindi toccare il fondo del proprio malessere, può produrre la spinta alla reazione contro lo stare male. Il coraggio nasce dalle proprie "viscere" (**dall'erba della dignità**) e dalla coscienza di quello che sta succedendo e da un guizzo di rispetto per sé stessi, e quindi arriva il momento di dire basta!

Quando la dignità non ha potuto costruirsi nel momento giusto, diventa un fiore che nasce dal profondo delle proprie ferite per i torti subiti.

In altre situazioni, è la decisione di "accettare" la situazione per quella che è o per quella che è stata, che diventa "la molla" per cambiare.

La mia esperienza come terapeuta ha dimostrato che questo vale anche per i bambini che hanno subito violenze; la salvezza passa attraverso il riconoscimento della propria sconfitta:

*"Perdere la partita"*... lasciare andare quel bisogno.

Con i bambini, in una prima fase il processo terapeutico si sviluppa mediato da un racconto, che viene contemporaneamente integrato dalla storia della propria realtà. *"...I principi possono anche perdere le battaglie ma non per questo essere deboli…"*, il che significa riconoscere di aver perso, di essersi imbattuti nella condizione di impotenza. Non voglio addentrarmi oltre in questo discorso; mi preme solo sottolineare che, per poter "ri-emergere" dalle proprie ferite, occorre **"affondare"** nel mare del proprio dolore e della realtà di come sono andate le cose.

*Il sogno*

Il sogno è un'impalcatura costruita con l'aiuto degli strumenti tipici della propria infanzia: idea magica, pensiero onnipotente, creatività, principio di piacere, e viene costruito al posto del vuoto che si è originato dal non avuto. Il famoso vuoto che diventa il gelato alla fragola. È l'illusione, la promessa che il cucciolo di uomo fa a sé stesso, di riuscire ad ottenere ciò di cui ha bisogno: *"…ci riuscirò, prima o poi, ci riuscirò…"*, e gira per il mondo con i suoi fili d'argento.

Sarà l'adulto poi che trascinerà per mano il suo piccolo bimbo in giro per il mondo alla ricerca della stessa cosa.

Quando si registrano i fallimenti, non si dirà mai, il bimbo prima e l'adulto poi, che sono i sogni che non funzionano in quanto non soddisferanno mai i propri bisogni, ma si attribuisce la causa degli insuccessi a sé stessi; *"…sono io che non mi merito quella cosa… sono io che non trovo il giusto modo…"* e, oltre alla frustrazione, si fa più forte il sentimento della vergogna, della mortificazione, della scarsa stima di sé e della rabbia verso l'altro.

*Il vuoto*

Il vuoto è **"il non avuto"**. Sono bisogni e desideri mai realizzati, al posto dei quali regna un'altra realtà: l'esperienza "effettiva", cioè quella vissuta al posto della richiesta del proprio "Io".

Quindi, in queste circostanze, noi viviamo due esperienze. Una è l'esperienza del vuoto (il non avuto), l'altra è l'esperienza reale, effettiva, cioè quello che realmente è successo.

Quindi anche il vuoto **è un esperito** e contiene sensazioni ed emozioni come amarezza, tradimento, delusione, attesa vana…

Occorre quindi l'elaborazione del lutto del sogno, da una parte, ed accettare la realtà per quello che è stata, dall'altra.

Nella realtà quotidiana, invece, si reiterano i comportamenti mirati al soddisfacimento dei desideri, che sono alimentati dai sogni e dalla continua ricerca.

A proposito del vuoto, il seguente paradosso di un saggio esprime bene quello che io intendo: *per vivere liberi bisogna sapersi mortali; per sapersi mortali bisogna aver preso piena coscienza della propria immortalità, del proprio qui ed ora che ti immette nel senza tempo…* Ma il qui ed ora è gestito in modo appropriato solo quando si accettano i limiti del proprio "essere", del proprio agire.

### Le mele rosse

La realtà amara in cui viviamo e che sperimentiamo nella famiglia d'origine e che non siamo in grado di gestire, viene accantonata e si crea al suo posto, nella fantasia, una realtà diversa: quella delle "mele rosse". Nel modo di relazionarci con gli altri e con noi stessi dunque, attueremo quei comportamenti che dovrebbero, secondo i nostri intenti, servire a produrre situazioni da "mela rossa", anche se la realtà che si vive è quella delle "mele verdi". Questo lo vedremo più avanti.

**Marisa** cerca situazioni in cui *stare in pace* ed agisce comportamenti mirati ad ottenerle, tentando così di sfuggire all'inferno che vive in famiglia e nel quale è calata e che cerca di rimuovere.

Ma la persona violenta o le situazioni turbolente producono nell'altro reazioni che sono diverse a seconda di chi subisce: "*…io avevo paura, mi paralizzavo…*", diceva Marisa in seduta. Io le rimandavo: "*…sta dicendo che quando suo padre urlava e scagliava per aria quanto gli passasse di mano, lei aveva questa reazione?*", "*…sì, mia sorella invece si metteva a urlare… Il mio era il modo migliore per evitare di aumentare la sua furia. Poi aiutavo mia mamma a riordinare…*"

Marisa a proposito del suo partner: "*… io mi comportavo con Mario come l'uomo di famiglia…*"; le rimando: "*…no, non consideriamo il maschile o il femminile… diciamo che in una situazione di degrado, lei era quella che si dava da fare: si era procurata un lavoro, e manteneva Mario…*"

Ecco che questa sua modalità di relazionarsi con l'altro reitera le stesse strategie che ha utilizzato nel passato: viene da una famiglia dove c'era lo sfacelo e per salvarsi da una sorta di disintegrazione, per non perdersi nel degrado, ha imparato a reagire per tenere in piedi tutto. Quando ha incontrato Mario senza lavoro e a pezzi, per lei è stato facile darsi da fare per cercare di rimettere a posto la sua situazione… ma anche per produrre un'atmosfera da "mele rosse" che vuole a tutti i costi assaporare.

Da una seduta con **Mirko**. Terapeuta: "*…tra tanta spazzatura di mondo vedo un bimbo in mezzo ai rifiuti di un mercato che cerca un pezzettino di roba sana da* *mangiare…"*

Mirko: *"mi fa venire in mente che da bambino, quando mio padre mi dava una cosa da fare, io lo facevo lentamente e mi ci mettevo con finto impegno e lo facevo durare il più possibile a lungo; …ad esempio avvitare una cosa… ritardavo il momento in cui, finito il lavoro, avrei dovuto riaffrontare mio padre ed il suo modo turbolento di fare e mi chiedevo cosa mi sarebbe aspettato dopo…"*; intervengo: *"…lei così viveva due vite*: (Due emozioni) *quella dell'"avvitare" e quella dell'"attesa" tormentata di quello che sarebbe successo dopo…"*

Quando in casa si scatenavano le liti, tutto era fuori controllo e Mirko si sentiva incapace di fare qualsiasi cosa, e si sentiva in colpa; perlopiù era sua madre ad indurgli il sentimento di colpevolezza e confusione, intimandogli di andare a dire al papà che lo perdonava per quello che era successo (!!!). Ma lui aveva bisogno di sottrarsi da quella situazione e lo faceva occupandosi ed interessandosi di qualcosa in modo eccessivamente meticoloso, per potersi concentrare totalmente e prendere le distanze dalla lite appena vissuta.

Adesso che Mirko è adulto, quando si allontana dall'ufficio, ha il terrore che possa succedere qualcosa di negativo proprio quando lui non c'è; in senso metaforico, teme lasciare le cose in balia degli eventi (risuonano il dolore e la paura di allora) perché teme di potersi sentire impotente e in colpa. Ecco dove sono finiti i pezzi della sua storia che non ha potuto gestire adeguatamente nel passato. Per poter stare in quella realtà, ha dovuto negare i suoi sentimenti ed emozioni. Questi pezzi della realtà di oggi, apparentemente irrazionali, sono frutto di quella storia passata.

Mirko scopre anche che nelle ricorrenze più importanti *"raduna"* la famiglia con l'aspettativa di produrre le "mele rosse" *della famiglia "presepe"* (dice lui). Organizza tutto nei minimi particolari, ma alla fine rimane sempre con una sensazione di tristezza e di amarezza per come è andata… Finisce sempre male… Finisce sempre con "mele verdi"…

Questo quadro descritto è il risultato di tanti tasselli messi insieme piano piano e a lungo nelle sedute di terapia.

**Daniela** oggi non riesce più a godere del suo essere brava perché quando si vede nei suoi successi scoppia un pianto interiore; chi piange è quella bimba che sa bene quanto dura e dolorosa è stata la strada percorsa da "brava bambina" nel tentativo, invano, di essere vista e riconosciuta. In altri termini, la gioia richiama in superficie il dolore nascosto… "amore mio nemico"… dice il neuropsichiatra Mario Isotti.

**Sara** sta vivendo sentimenti di *"precarietà"* rispetto al mondo; gli altri sono percepiti come sicuri di sé stessi. Lei di solito sicura di sé, vive momenti di disorientamento.

Prendo queste due percezioni: la precarietà e la sicurezza, (una "confrontazione" in termini tecnici) spostandoli dal mondo esterno al suo mondo interno. Sente che tutto ciò che ha costruito sta scricchiolando, perché sta emergendo la parte antica di sé, della bimba che ha accumulato tanti insuccessi nel tentativo di **essere accolta**. In termini clinici possiamo vedere che l'esperienza positiva di "successi" esterni, è andata a risvegliare le esperienze di "insuccessi" interni.

Durante una seduta: *"...ricordo che una volta ho buttato il "Cif" (un detergente) sui rubinetti e mia mamma mi ha sgridata... io le chiedevo "scusami mamma... perdonami", ma sapevo di essere falsa perché volevo qualcos'altro... volevo che lei mi trattasse diversamente... io vorrei entrare a far parte del suo mondo non tenuta fuori... (piange)... mi diceva solo: fai questo o fai quello... ma io da lei volevo qualcos'altro...* Ma qui mette in moto una sua difesa e dice: *"...ma non voglio indagare oltre, perché oramai, oggi, tutto questo sta dietro a quello che mi sono costruita..."* Ma oggi Sara ha bisogno di successi e di approvazione: *"se fallisco sento che per me è la fine".* Se non arrivassero si sentirebbe rifiutata, esclusa... proprio come esclusa si è sentita dal mondo di sua madre nonostante abbia cercato con tutte le sue forze di essere accolta in quel suo mondo, di essere vista ed accettata. Gli insuccessi rispetto ai tentativi di entrare nel mondo della mamma, ossia di entrare con lei in una relazione diversa, più appagante, le hanno procurato talmente tanto dolore che da adulta rifugge ogni insuccesso, in quanto non riuscirebbe più a sopportarlo, si sentirebbe finita. A proposito della sua relazione con Fabrizio, suo fidanzato, ha affermato di avergli detto di *voler stare dentro di lui, di voler entrare nel suo mondo...* Questo è il suo gelato alla fragola!

## Abbandonare il sogno

Come si fa a chiudere le ferite dei propri dolori? Abbandonando il sogno e accettando la verità della propria storia. Già... ma come si fa ad abbandonare il sogno? Bisogna dirsi che, nella propria storia, il bambino che è dentro di noi non ha avuto quelle cose e non le potrà mai più avere e che l'essere stato bambino è "soltanto" un periodo della propria vita, un pezzo di strada già percorso. Adesso oramai si è "grandi", ed è proprio quella parte di noi che è cresciuta, che è diventata "grande" che deve capire, guardando la realtà, la verità, usando il "senso critico di realtà". La cosa più difficile è accettare la verità della propria storia, vedere le ferite. Se hai voluto il gelato alla fragola e non ti è stato dato, devi convincerti che nella vita quel gelato non lo avrai mai. Se non abbandoni il sogno, quando mangerai il gelato alla nocciola dirai che è buono, ma non come quello alla fragola, e ti starai solo rassegnando a non poterlo avere, ma continui a desiderarlo. Allora succederà che il gelato alla nocciola non lo apprezzerai per quello che è nella sua essenza, perché è inquinato da un sapore di tristezza che è quel sapore mancato della fragola (v. Mirko). Se tu tenti di sostituire ciò che non hai avuto con qualcos'altro, forse lo gradirai anche, ma non sarà mai sufficiente a colmare quello che non c'è, e il vuoto si "incazza"! Se invece lasci che questo desiderio sparisca nel ***nulla*** per sempre e quindi rinunci a realizzarlo, quando mangerai il gelato alla nocciola, dirai che è buono; è un'altra cosa, ma sarà gradevole per quello che è e non sarà al posto di qualcos'altro, e cioè, al posto di ciò che non hai avuto, perché **il vuoto si riempie solo con il vuoto.**

La richiesta del gelato alla fragola si può evincere, per esempio, nei bambini "noiosi" che continuano in una "cantilena", o meglio "nenia", di lamento. Il genitore tenta invano di metterlo a tacere poiché il bambino sta chiedendo qualcosa che in realtà lui non riesce o non può dargli.

Il Maestro direbbe: "*...ora che sei grande, hai ancora bisogno e sei ancora alla ricerca di ciò che allora chiedevi. E desideri fortemente che gli altri, e che anche tua madre e tuo padre ammettano le loro incongruenze e le loro contraddizioni, perché hai bisogno di sapere la verità. Ma nessuno ti dirà mai la verità che tu vorresti, perché anche tutti gli altri giocano le loro carte della vita! Sarà **solo la tua parte adulta**, ormai riconciliata con il mondo e risarcita dalla tua stessa verità, che ti procurerà ciò di cui hai bisogno. E questo si realizza solo quando la parte adulta legge ed accetta la realtà passata per "quello che **è stato** e non quello che volevi". Infatti, l'importante è che sia tu a credere a quello che vedi; sarà poi la vita a dirti se avevi ragione. Ricordati che nessuno ti darà la tranquillità che cerchi. Non sono le risposte degli altri che ti daranno la fiducia, ma la troverai solo in te stesso. La fiducia non nasce dal fatto che gli altri ti diano delle garanzie, ma da quello che tu credi, dalle tue risorse interiori e da quello che ti dice la vita. Se chiedi a qualcun altro delle garanzie per poterti fidare, è perché vuoi essere sicuro che se fai una cosa non sarà sbagliata. Ma nella vita si può anche sbagliare! L'importante è rischiare, senza certezze di come andrà a finire. Questa è la fiducia in sé stessi, nella vita e negli altri. Il vuoto di quello che non hai avuto si può riempire solo con il vuoto, ossia attraverso l'esperienza del non avuto. Anche questo fa parte della tua* *storia, in questo modo, il vuoto non si lamenterà più, perché farà parte di te: è "un pezzo" del puzzle. Se invece tenti a tutti i costi di voler riempire quel buco ricorrendo a surrogati o sostituti dei tuoi sogni, il vuoto diventerà un pozzo senza fondo e qualunque cosa tu ci metta dentro resterà sempre vuoto. A forza di "assistere" (perché dopo ti vedi) a come ti crei il tuo film e come inesorabilmente non viene accolto… piano piano si fa strada un senso di saturante stanchezza, di sensazione di sfinimento, di percezione di dignità da salvaguardare e a questo punto nasce una reazione/spinta al suo contrario ed incomincia a spuntare "l'erba della dignità", quella dignità che il bambino frustrato, deluso, impotente di allora, non è riuscito a far spuntare. Solo il rispetto per quello che il bimbo è e l'amore incondizionato dell'adulto possono essere il "concime" che nutre la struttura del bimbo che sta crescendo".*

Quando questo aspetto è mancato, solo un aiuto terapeutico può aiutare, con molta pazienza, a restituire equilibrio ed armonia interna.

Il processo di abbandono dei sogni è anche un processo di accettazione dei propri **limiti.**

## *Longing for Lovingness*

*Lovingness*
*Lingers under the wounds*
*Caused by defeated losers.*
*As soon as Beauty*
*And Nature*
*And Smiles*
*open to my eyes*
*lovingness utters its painful cry and joy.*
*But now… I know…*
*that Rreality can come*
*and turn it into danger.*

## Come si rimargina la ferita. Come si "riempie" il vuoto

Abbiamo visto che i bisogni insoddisfatti vengono pian piano trasformati in fili d'argento che il bambino, ormai divenuto adulto, porta con sé e con i quali tenta di avvolgere l'altro che, il più delle volte, glieli spezza. I fili d'argento non sono altro che la strategia (patterns) che ciascuno pian piano si costruisce, anche attraverso la sofferenza, per ottenere ciò che desidera. In altre parole, si attuano determinati comportamenti (Strategie) che sono finalizzati solo ad ottenere un determinato tipo di risposta dall'altro. Questo significa che il sogno diventa la "fonte" di comportamenti specifici nella vita di relazione. Colei che cerca ammirazione – colui che vuole essere membro riconosciuto di un gruppo – colei che vuole appartenere – colui che vuole essere contenuto – essere visto per quello che è – e così via, assumeranno atteggiamenti, comportamenti, spinte emozionali tipiche di quel bisogno per relazionarsi con il mondo… ma fallendo…

**Sandro** è *disponibile e gentile* con tutti. Con questa sua modalità di comportamento spera di conquistarsi la benevolenza e la riconoscenza da parte dell'altro; in questo modo egli potrà soddisfare il suo bisogno di **sentirsi accolto e considerato**, nel suo specifico: **"adottato"**. Ma gli altri non rispondono come si aspetta, anzi se ne approfittano e spesso sono addirittura infastiditi dal suo modo di fare "patetico" e dalla sua eccessiva disponibilità, che spesso non è neanche richiesta. Questo comportamento che Sandro si è costruito da piccolo nel tentativo di conquistare i suoi genitori, lo reitera nelle relazioni con gli altri, da adulto.

### Il sorriso è il dolore incanalato.

Il comportamento nevrotico è prodotto dal dolore per le ferite provocate dal vuoto e dalle frustrazioni. È destinato al fallimento e produce a sua volta, dolore nevrotico e dolore per ciò che in realtà è avvenuto.

Li chiamo "dolori nevrotici", perché sono strategie che produrranno "sempre" malessere perché sono perdenti, mentre il "dolore della realtà" produrrà cambiamenti.

È durante il processo terapeutico che si delineano i propri comportamenti nevrotici, produttori di malessere, e si entrerà in contatto con i sentimenti e le emozioni che ne derivano. È impossibile, o almeno per me è difficile spiegare come si "srotola la matassa". Quello che avviene è che pian piano si prende consapevolezza e poi coscienza di ciò che succede e attraverso il riconoscimento delle continue frustrazioni che si subiscono, la rilettura del proprio passato e di come questo determina i danni del presente, si curano le ferite prodotte dagli altri, si fanno i conti con i vuoti prodotti dal non avuto e si incomincia a ritrovare la fiducia in sé stessi e nelle proprie risorse, sino a decidere di rischiare a modificare il proprio comportamento e la propria modalità di comunicazione.

Si inizierà finalmente a comunicare sentimenti congruenti con il proprio essere e con il proprio sentire (la tendenza attualizzante). Si individuano i vissuti frustranti del presente e si rintracciano quelli simili nel passato. Si individuano i sogni costruiti e i comportamenti attuati per realizzarli. Si rintracciano i motivi veri dei propri comportamenti e gli obiettivi cui sono finalizzati, ossia le mele rosse che ricerchiamo, per poi risalire alle mele verdi, si individuano le ferite causate più o meno inconsapevolmente dagli altri.

Occorre convincersi, attraverso l'esperire (e non al tavolino delle sedute terapeutiche!), che ciò che si cerca non arriverà mai e che le difese adottate a copertura delle ferite, sono divenute oramai controproducenti al proprio benessere esistenziale e che si devono tagliare i fili d'argento per potersi riappropriare del proprio potere personale e della forza del proprio io autonomo.

La rilettura della realtà presente e passata porta con sé sensazioni, emozioni e sentimenti nuovi. Tanto più si comprende il presente a partire dal proprio passato, tanto più ci si avvicina al nucleo del proprio antico dolore.

Questo sarà il dolore autentico, il dolore storico della propria esistenza, quello che ha prodotto la sofferenza, e si contrappone al dolore nevrotico che non produce nulla, ma si reitera in un ciclo infinito.

Si dovrà morire di fronte al proprio antico dolore; a volte attraversare il mare di una paura sommersa, ma che si è sempre fatta sentire, per poi riprendere sé stessi e rinascere in un'altra dimensione che sarà determinata dalla realtà del qui ed ora, senza passato e senza futuro. Di questo parleremo ancora.

Il processo descritto sin ora richiede diversi anni per potersi compiere, e i fili d'argento si riusciranno a tagliare solo dopo gli innumerevoli fallimenti prodotti dal meccanismo della nevrosi.

**La terapia è un restituire ai bambini la loro storia.** È un mettere al giusto posto le emozioni che erano state tolte perché difficili da gestire adeguatamente, utilizzando la parte adulta che ora vede la realtà, l'accetta, la legge nella giusta versione, sia passata che presente. Così com'è. Non più alla ricerca di cambiare gli altri ma sé stessi.

I fili d'argento si tagliano solo dopo lunghi e ripetuti tentennamenti. Dopo tanti e ripetuti falsi "fuochi di speranza", dopo avere smesso di adottare comportamenti strategici per raggiungere i nostri obiettivi

Da una poesia: *...quelle volte che ci siamo imbattuti nella stessa realtà, mi chiedevi di celarla ed io pronta ed io avida d'amore mi alleavo con te perché, "sì questa volta mi avevi vista". Saremmo state insieme... finalmente... avevo conquistato quel posto dentro di te. Ma poi, quando ti chiedevo: "ricordi quella volta? ...ricordi quella cosa? ...ricordi com'è andata?" Tu mi rispondevi: "ma quale cosa? ...ma tu vaneggi..." E di nuovo scopro che tu non c'eri...* (dal libro: Una psicoterapia? No... una vita...)

Da uno scritto:

*Affronto la vita con un bimbo per mano; conosco bene i meandri del suo cuore, l'entusiasmo delle sue speranze, l'amarezza delle sue sconfitte, le ferite delle sue umiliazioni. Quel bimbo si nasconde, proteggendosi nel buio solitario, freddo, nero e silenzioso come una notte in una foresta coperta di neve. Ma ogni tanto non resiste: avido di luce e calore accende un piccolo fuoco, una piccola fiamma di speranza, e per qualche fatale istante, la luce tremolante lo rende visibile con il suo indifeso bisogno d'amore che vorrebbe conoscere. Qualche fatale istante per ritrovarsi nuovamente sconfitto, nuovamente umiliato. E allora disperato, uccide il fuoco con la gelida neve, si accuccia di nuovo nelle sicure, pesanti tenebre. Vorrebbe morire e se non muore è perché sa, nel suo intimo sa, che una notte accenderà un nuovo fuoco e forse, questa volta, per ricevere una carezza sul piccolo capo infreddolito. Guardo con tristezza questo bimbo che mi stringe la mano, forse presto o tardi impedirò a chiunque di avvicinarsi a lui; lo nasconderò tra le braccia e, senza più la speranza di quella carezza, senza più quel piccolo fuoco acceso, porterò per il mondo un piccolo bimbo disperato.*

Da uno scritto:

*C'è dentro una bambina abbandonata che singhiozza, è sola, è stata lasciata sola, tutti se ne sono andati, non c'è più nessuno per lei. Si guarda intorno spaurita e poi c'è il buio, si rinchiude dentro in sé stessa per non vedere il buio e il silenzio. L'amore fa sentire queste ferite aperte.*

Da una lettera:

*...Oggi per la prima volta, e ancora con un po' di disagio, mi sono permessa di farmi delle lodi... sono certa di essere così intelligente, libera... come dire? ...unica, "personale"... mi sento bene... non una superdonna, ma pienamente e serenamente me stessa... sento per me un sentimento di soddisfazione mai provato prima... la fatica per continuare a migliorare o, meglio, per essere sé stessi, continua... ma è una fatica che arricchisce... un nutrimento per sé... oggi ho trovato il mio tesoro: me stessa, e una gran forza... e tante altre cose bellissime... è una sensazione unica, che lei può*

*comprendere... Dovevo dirglielo subito, non volevo aspettare quindici giorni prima di tornare da lei ...*

Tutto questo lavoro viene fatto dalla parte adulta di sé. La parte adulta, razionale, che rilegge criticamente la realtà, si rende conto che il gelato alla fragola è un sogno, che si deve lasciare volare via per sempre nel nulla. Il sogno è nato a causa di un "nulla" cioè di un vuoto, un "non avuto"... e ritorna nel "nulla"... La parte di noi dipendente dall'altro se ne va. Dentro di noi rimarrà per molto tempo un velo di dolce malinconia (la cicatrice) per quello che realmente ti è stato dato. E tu sarai sempre un bambino a cui "non è stato dato". Sei uno di quei bambini che deve dire: "io no..."

La ferita viene dunque pulita, dopo essere stata riconosciuta e accettata lavorando sulla realtà, della propria storia presente e passata, e poi rimarginata quando la parte adulta risarcirà il dolore che ha prodotto. Man mano che si recupereranno i pezzetti che avevamo perduto o abbandonato, ricostruiremo il nostro puzzle e sarà integro, senza nessun elemento mancante, e nella nostra completezza saremo in grado di riconoscere le parti nascoste o mancanti che hanno agito nell'altro, in genere i nostri genitori.

Si prenderanno le distanze dalla propria nevrosi e si vedrà meglio il proprio "carnefice"; lo si esperirà nella debolezza del vuoto, del "suo" non avuto e delle "sue" parti mancanti, ed allora ci farà tenerezza e lo ameremo per quello che è, esattamente come saremo riusciti ad amare noi stessi per quello che siamo.

Ed allora non avremo più bisogno di "capire" l'altro per interagire, perché lo vedremo.

Una poesia:
*Oh mamma ti ho guardata*
*e lì mi sono ritrovata.*
*Davanti a me stava*
*la mia piccola quando era malata.*
*Era lì, fuori da me*
*ma ora è al suo posto giusto*
*un posto che è dentro di te.*
*Ti ho vista, fragile e non amata*
*ti ho riconosciuta e subito amata.*

*Non ti abbandonerò mai*
*ti amerò di quell'amore*
*che tu non mi hai mai saputo dare…*
*sono libera.*

Facendo un'altra messa a punto dell'insieme; partendo dal concetto di vuoto abbiamo quanto segue:

### Il vuoto è prodotto dal bisogno non soddisfatto.

Noi tentiamo di colmare i vuoti (per non avvertire il dolore; il pianto del "non avuto") con persone, cose, eventi vicarianti. Delle volte riusciamo ad ottenere ciò di cui abbiamo bisogno, ma non è mai sufficiente; oppure pur ottenendo ciò, rimane l'insoddisfazione di fondo.

È il vuoto che continua ad emettere il suo pianto di dolore, non riconoscendo ciò di cui viene riempito. Perché la storia del presente non è la storia del proprio passato, per cui "quelle cellule" riconoscono solo, e desiderano solo, ciò di cui avevano "allora" bisogno nel passato: "Ogni frutto ha la sua stagione…"

Solo la nostra parte ormai adulta potrà colmarlo e lo colmerà riconoscendogli la storia di vuoto, il vuoto allora esperito e, accettando che il bisogno non esaudito non sarà mai soddisfatto.

*"Le illusioni sono un goffo tentativo di soddisfare i propri bisogni…".*

L'integrazione si fa completa quando si individua la parte infantile di sé e quei comportamenti costruiti nella prima parte della nostra storia.

Sono aspetti dell'essere che sono stati conservati nella propria battaglia, sono delle difese, ma inadeguati all'adulto.

Da tenere presente che questi aspetti "infantili" non è che "scompaiano", ma saranno usati "saggiamente" e, quando usati, avranno la parte adulta che li difenderà contro chiunque… Sto parlando di quando si useranno ancora "nella modalità infantile", ma ora per scelta cosciente.

Questo cambiamento comporta un'altra perdita, un vero e proprio addio (il Pinocchio di legno che diventa un bimbo).

Ad esempio: "ma io non voglio perdere *l'essere sorellina* di tutti…" – "ma io non voglio *non sorridere* a tutti…" È veramente doloroso abbandonare certe parti di sé che ci hanno accompagnato per quasi una vita, anche se "nevrotiche".

Dice il Maestro: "…quando tu assumerai il compito di difenderlo dopo averlo riconosciuto ed accettato anche in quelle parti che non ti piacciono, il bambino, nell'integrarsi con la parte adulta, porta in dono il suo **essere senza tempo**, la sua creatività ed il suo essere del presente, del qui ed ora. Ti farà quindi dono del suo essere senza tempo che ti permetterà di inserirti nel ritmo della vita. Quando ti renderai conto e accetterai che il sogno è irrealizzabile e avrai pianto il dolore della sua fine, vedrai che i tuoi comportamenti (i patterns) non hanno più senso di essere; pian piano li abbandonerai, li lascerai morire e ne elaborerai il lutto. In questo modo si matura il **pensiero realistico** e si guarda il mondo con gli occhi della saggezza e **del limite delle cose…**"

Il pensiero onnipotente e l'idea magica di ottenere ciò che si desidera, vengono abbandonati. Per arrivare a questo stadio del processo occorre aver accettato la propria impotenza e di "avere perso la partita…" Spostando i sentimenti di tipo nevrotico verso quelli veri della realtà, emerge un vissuto di tristezza per come è andata la propria storia. Prima c'era la tristezza che era sempre stata lì, celata tra le righe della propria storia. Ora è la tristezza della realtà che si palesa chiaramente di fronte a sé stessi: di come è andata e di quello che ora è.

Da una poesia (la tristezza celata):

*…le emozioni mi scorrono, sfuggono*
*lungo un fiume dal letto duro.*
*"Non ti ho mai sentita*
*presenza silenziosa ed infinita*
*della mia vita".*
**"Finalmente mi hai sentita".**
*"Ti chiami Malinconia, vero?"*
**"Si; è da tanto tempo che aspetto… una vita".**
*"Il tuo viso ho riconosciuto*
*ma non mi era mai piaciuto."*
**"Da anni ci sono, da anni sola sono;**
**non vedo, non sento**
**ma la tua presenza la sento.**
**Prendimi, curami, cullami**
**non mi lasciare, non so dove andare**
**perché io non so camminare."**
*"Ma chi sei? Perché ci sei?*
*Da dove sei venuta? Come sei venuta?"*

*"Non lo so*
*sono io... non so vivere".*
*"Cosa posso fare per te?"*
*"Non lo so; stai con me, aspettami.*
*Il tuo muro, le porte chiuse*
*sono state la mia vita."*
*"Sono stanca sai, di sentirmi straniera.*
*Ma tu malinconia, chi sei?!..."*

# Dove psicologia e filosofia si intersecano
Dal vuoto alla finitudine dell'essere. Ovvero: ai confini dei fili d'argento
inizia la strada "dell' Esistere nella sua essenza"

Ma a questo punto, dopo aver faticato ad abbandonare i nostri sogni, dopo aver lottato per tagliare i fili d'argento, dopo avere fatto il funerale al gelato alla fragola e dopo aver compreso la realtà delle mele verdi, dopo avere arginato le ferite sanguinanti prodotte dai vissuti familiari, si fa strada la **"Grande Domanda"**: *"E adesso?…"* Chiede una cliente: *"Ma dopo? …Cosa mi rimane? …Ho paura di scoprire che non mi rimane niente."*

Quando Rogers afferma che la tendenza attualizzante si blocca, significa che si viene a creare un'incongruenza tra il sentito e l'agito. E a volte succede che quello che sentiamo è nascosto nella parte profonda di noi stessi, per non essere turbati dal suo lamento. A quest'incongruenza si aggiungono i vissuti relativi alle dinamiche familiari, anch'esse intrise di incoerenze.

La terapia, con l'aiuto del terapeuta, consiste nel ridare congruenza ai vissuti del proprio io.

Da un colloquio:

*"…Sono cresciuta con la ferma convinzione, inculcatami dal mio ambiente familiare e da una certa educazione cattolica, che nessuno è perfetto, ma soprattutto che io non sono perfetta. Fino a quando è successo che ho smesso di pensare a me come ad un essere povero, piccolo, insignificante, trasparente e limitato, e agli altri come persone di uno spessore notevole, grandi, importanti, che schiacciavano ciò che di fatto già da sola avevo schiacciato: me stessa. Il cammino è stato lungo e ho cominciato finalmente a pensare*

*anche a me come ad una persona con delle dimensioni, e lo spessore degli altri si è ridimensionato contemporaneamente al consolidarsi del mio: ...ma adesso ho paura... se mi libero di questo, cosa ho di mio...?"*

Si sperimenta un sentimento di timore misto a desolazione. È comprensibile e nell'ordine naturale delle cose, che ci sia questo "passaggio"; alcuni lo verbalizzano esplicitamente: "...prima avevo lo scopo di lavorare per il mio sogno... e adesso? Cosa faccio?"

È un momento estremamente interessante per il terapeuta, e di preparazione ad un passaggio importante per il cliente. In base a quanto ho potuto osservare, ci si rende conto che, una volta chiusa la battaglia, cioè quando si decide di tagliare i fili d'argento, si abbandona la nevrosi che sul piano esistenziale aveva comunque il suo scopo, e cioè quello di "farci essere così, per esistere". La "nevrosi", con il senno del poi, è dopo tutto, "un grande lavoro"!. Quando ci si rende conto che si è vissuti fino ad allora per uno scopo che adesso non c'è più, e che alcuni modelli comportamentali sono inadeguati per la propria tendenza vitale, si avverte la sensazione di non saper più dove dirigersi. In questo delicato momento affiora la tristezza e la malinconia per quello che è stato e l'inquietudine per quello che c'è adesso: un senso di vuoto, che non è il vuoto storico oramai riempito con il suo stesso vuoto, ma il vuoto vero. Questo vuoto rappresenta **il vuoto dell'essere** ed è il **vuoto dell'esistenza**. Si avverte la sensazione che di tutto non rimane più nulla e si ha la sensazione di andare verso "un nulla". In realtà, rimane almeno una grande verità: **sé stessi...**

Osserviamo: sono cadute le illusioni; il lavoro nevrotico svolto finora si è svuotato di sé stesso e, come conseguenza, ci si rende conto che "anche" gli altri valori sono fragili, svuotati degli investimenti dati; sono precari, limitati e provvisori. Stiamo parlando ora dei valori **"esterni"**, di quelli "nel mondo"... e "tutto crolla"... e *si presenta il vuoto dell'essere (qui il vuoto è esterno), il vuoto dell'esistenza.* Questa è la Grande Verità a cui si accede senza più fronzoli.

L'immagine di Rogers, del fiume che va verso il mare, con il quale si confonderà e fonderà, rappresenta bene questa fase, cui si può giungere solo se è stato compiuto il cammino a monte e cioè il cammino storico in tutti i suoi aspetti più salienti. La persona è rigenerata da una nuova forza interiore, una forza che è del **Potere Personale**, della consapevolezza della propria impotenza, dei propri limiti. Limiti che vanno intesi come accettazione della propria finitudine, e non come licenza per avere qualsiasi comportamento nei confronti degli altri, utilizzando come giustificazione i propri limiti per, in realtà, imporsi e sconfinare entro i limiti altrui (ahimè una filosofia molto popolare tra alcuni studenti Rogersiani!). Non dobbiamo dimenticare che l'atto esistenziale è **un puro atto di coscienza.**

È la consapevolezza e l'accettazione della propria impotenza, che funge da ponte che consente di compiere il passaggio verso l'essere nel ciclo della vita, in un nascere e morire, in un sentimento di finitudine dell'essere e di provvisorietà e precarietà che si racchiudono nel concetto di incertezza o dubbio sul perché dell'esserci.

L'ultimo sforzo è quello di accettare l'angoscia di questo nulla: "A cosa serve la vita?"…Tutto finisce… è così?" E tutto questo lavoro per arrivare a questo?!

Qualunque possa essere la risposta, la **costante** per qualsiasi risposta implica "la fine" di questo qualcosa che siamo noi. E accettare la nostra realtà e la nostra finitudine significa accettare, fin dove è possibile, l'idea della **morte**; morte come fine, come "niente". La morte si immette nel *nulla*, ma inteso come *"più niente"*.

Se rimane la sensazione del "nulla", significa che rimane la sensazione che "lì" c'era qualcosa… Invece è un avere accettato fino in fondo, il fatto che tutto è limitato, provvisorio… fatto di *finitudine* e a questo punto *"non c'è più nulla da perdere"*. Una sensazione che viene dal profondo del sé, ma paradossalmente insieme a questa sensazione, si percepisce che si è **Liberi.** Il ritmo della vita diventa del "qui ed ora", ed il tempo è *"senza tempo"*, perché non ci sono più gli occhi proiettati in avanti, non c'è più il passato "davanti agli occhi"… e si fluisce nel tempo e si riesce ad apprezzare anche un filo d'erba.

*Un filo d'erba*
*E il nulla…sono Nulla*
*Un silenzio e*
*l'inerzia… sono Nulla*
*nulla può essere qualcosa*
*Qualcosa non c'è, perché:*
*nulla o l'assoluto sono la stessa cosa.*
*Essere o non essere, in questa dimensione,*
*sono la stessa cosa;*
*qui o là si equivalgono.*

La fisica quantistica è maestra nello spiegarci questi aspetti apparentemente contradittori, ma che in realtà sono in perfetta armonia.

Da una seduta di Zeffiro: "...ho avvertito un senso di libertà ma non capisco da dove venga, perché non ho più niente a cui attaccarmi... del tipo... non ho più niente da perdere e mi sento libera..."

*Freedom is just another word for nothing else to lose. – Janis Joplin* (Libertà è solo un'altra parola per dire "nulla altro da perdere").

Il tempo del "qui ed ora" può essere immaginato come un seguito di punti. Così messi, essi formano una retta che è **infinita**. In tal modo "l'essere nel mondo" diventa un essere senza tempo. I due punti: dell'*inizio* e della *fine* si incontrano in un *senza tempo* nel fluire della vita... perché la fine/il limite a sua volta dà vita all'inizio, oltre il quale si ripresenta l'infinito e così via in un cerchio infinito...

## Il commiato

Il commiato consiste nel fermarsi nel punto profondo in cui si è arrivati, ossia al nucleo da cui partono le costruzioni difensive e nel quale si accede alla realtà dolorosa, le cui emozioni non si sono potute gestire. Potremmo rappresentarle come le radici dell'albero della vita. Si riconosce, si rivive e si accetta la realtà per quella che è stata. Si riconoscono le reazioni di allora, che sono state le uniche possibili per il bambino e che si sono trascinate anche nell'età adulta. Questo è il momento in cui si guarda indietro, e si avverte il dolore per la situazione così come è stata... Ed è qua dove si *depositerà il gelato alla fragola*... **per sempre**... perché è questo il suo posto. Quando si arriva a questa fase, il dolore per il non avuto e per quello che invece è successo, è già stato elaborato. Si è già ritrovato il piacere per quanto si è riusciti a fare da soli.

## Frammenti da sedute

**Carlo:** "*...ora vedo fino in fondo e mi dico che sì, è andata così, e solo così. Le angherie, la solitudine, le incomprensioni, le violenze, il non aver ricevuto aiuto nel cercare la mia strada quando ero alle superiori, il non avere avuto tempo per me quando avrei avuto bisogno di loro... averli sentiti vicino quando ne avevo bisogno... Ci sono delle volte quando ripenso a tutto questo, sento la grandezza di tutto quello che sono riuscito a* *fare nonostante il fardello delle mie ferite e dei miei vuoti e sono fiero di me stesso, di quanto sono stato forte".*

Carlo è riuscito ad integrare nell'io tutta la realtà della sua storia. Questo è stato possibile solo quando è riuscito ad accettare ciò che è stato, a fare il funerale ai suoi bisogni non soddisfatti e a soffrirne. Ora la sua parte adulta, separata dal suo passato, è in grado di costruire le esperienze emotive che gli consentono di poter "tornare" in quella parte della sua storia con la sensazione del dolore risarcito e del lavoro compiuto su sé stesso. Ed è un vero addio a ciò che è stato.

**Zeffiro**: *"...è vero che si perde l'onnipotenza, ma ci si ritrova con una grande forza... mentre le sto parlando sto mettendo insieme le cose: il piacere era grande ma ho sentito anche un senso di morte... ecco adesso capisco... era il senso del limite e della fine... che le cose hanno una fine... ho scoperto che quando riesci ad assaporare il sapore puro delle cose, ti rendi conto anche con chiarezza che finiscono. Ero andata a Roma per un congresso, mi sono goduta la città per la prima volta con un senso di libertà e di pieno piacere, ma è sopraggiunto un senso di vuoto... di morte... sì, proprio così, era una vuoto diverso dalle altre volte... che non mi sapevo spiegare... ma è proprio così... Ora è chiaro il limite delle cose, della fine di tutto... non ho più niente...";* "...**rimani tu**...", le rimando io, e lei: *"...sì è vero... io che sono cattolica non l'avevo mai avvertito così chiaramente..."*

Zeffiro (lo pseudonimo scelto dalla cliente) ha poi parlato di come muta la percezione dei valori e degli investimenti inutili, e di una nuova percezione delle cose.

Questa è una chiara dimostrazione del passaggio dal vuoto storico al vuoto esistenziale che, a quanto pare, può avvenire solo quando, una volta chiuso con le parti irrisolte di sé, risanati i conflitti, rimarginate le ferite, riempito il vuoto interiore con il "proprio" vuoto, messo fine per sempre alle attese ed illusioni, si affronta il vuoto "esterno" a sé stessi, che è quello di noi "calati nell'essere nel mondo". Una volta affrontato il vuoto esistenziale, si può assaporare il piacere dell'**Essere.**

Il "vuoto storico", è quello della propria storia, il "vuoto esistenziale" è il vuoto dell'essere nel mondo: "ente del mondo".

Zeffiro: "...ma il paradosso è che se da una parte le cose perdono di valore, dall'altra ne acquistano un altro... sento una grande forza che non posso dire sia onnipotenza... è qualcosa di diverso..." "...**vuol dire che adesso vale anche un filo d'erba?**", le rimando, e lei: **"sì!".**

La gioia del terapeuta è di vedere che, lanciando un tassello, l'altro lo prende e lo mette al suo giusto posto, da solo, dentro di sé: lo ha riconosciuto come suo.

La terapia è una pazienza certosina di prendere questi tasselli, di metterli insieme affinché diventino di nuovo la ricomposizione di quello che era, di quello che è stato, di quello che non c'è stato, per poi, con altri tasselli, ricostruire il puzzle da cui partire per ridare significato alla propria storia.

Alcuni clinici sostengono che ciò che non si è conosciuto non può essere sentito come "mancante" e quindi come un vuoto, perché appunto non si conosce e per questo non può produrre conseguenze negative. Invece è proprio ricomponendo la propria storia e constatando la presenza *di pagine bianche*, che offre una preziosa possibilità; pagine che la persona ha deciso di scrivere a suo piacimento, di scarabocchiare, o di strappare via tentando di cancellarle. E la terapia ha il dono prezioso di poter offrire la strada per tornare indietro di fronte a quelle pagine per completarle e riscriverle, e questa è la grande opportunità che un lavoro terapeutico può consentire.

Inserisco brevemente il concetto di "sentire" e di "nulla":

Il "nulla" esiste per la coscienza; essa soffre per la mancanza di qualcosa che conosce anche se non attualmente presente alla coscienza stessa, o per qualcosa che non ha mai conosciuto, ma che è suo strutturalmente: affetto, libertà, rapporti, o altro. In altri termini, è *"l'inconscio che parla"*...

Riporto uno scritto di Anna: ...mi affaccio **"all'esserci"**. E intorno ancora persone, presenti in una loro consistenza, che però non vogliono "donarmi". Lo sforzo di prendere corpo è tutto mio. Non mi è stato granché insegnato nei rapporti basilari. L'ho inventato, recuperandolo semmai dai vari preziosi esempi. Il nonno Ricky, il cane Charlie, le cose. Il rapporto dei miei con le cose, la loro mediazione per comunicare con me. Il pupazzo anatroccolo di stoffa cucito con le mani e l'intenzione di mia madre. I cubetti di legno, residuo vivo del lavoro di mio padre. Le cose che mi hanno tenuta legata alla possibilità di esistere. La mia vita è innanzitutto nelle cose, prima che nelle persone. Mi hanno tenuto compagnia rendendo accettabile la mia solitudine. I romanzi nei libri prima, nella tv poi. La complicazione sta nella straordinaria umanità dei miei genitori; persone che non ho potuto oggettivamente odiare. La ragione, il buon senso, la sofferenza, il dono di sé, l'intelligenza, l'anima, sono sempre stati dalla loro parte. Per me l'impresa di differenziarmi, di affermarmi a prescindere da loro è stata improba. Poiché mi hanno dato esempio di onestà intellettuale e poiché non hanno mai preteso di essere straordinari (mia madre si arrendeva ai miei argomenti; diceva: "Anna non capisco…" e non "È così e basta!"). Mi hanno involontariamente incastrata in una sorta di impossibilità e di contraddizioni insolvibili, che ho pagato molto, per anni, con durezza. Ho fatalmente incontrato "copie" di loro, cioè persone che non ce la fanno a darsi a me nella loro consistenza, che se la giocano altrove o che io fatico a sentire e ad esigere per me. Ho speso molte energie in questa volontà di farcela, di farmi amare e di concedere a me stessa un po' di amore, di calore, di intimità. Io amo l'intimità. La casa della mia infanzia era costruita per l'intimità. E mi riservava angoli, luoghi, stanze piene di storia, di umanità, di passato sensibile e intelligente. Lo zio Franco, l'ampia soffitta, il legame con il proprio passato, le fotografie numerose del Canada, il raccontare degli zii, fratello e sorella di mamma, i linguaggi e i mezzi innumerevoli della memoria e della creatività, la nonna sarta, i camini in ogni stanza costruiti dai nonni dello zio, i vecchi libri vinti dalla mamma che era la più brava della scuola. Non sono stati capaci, non per colpa loro, di darmi sé stessi, né di prendermi per quello che io ero e diventavo, ma mi hanno saputo indicare mille strade per esistere. Tu a volte Maddalena sei insofferente nei loro confronti. Guarda, io ho l'orgoglio di pensare di farti vedere una cosa tutta mia; comincio ad esistere. Senza dover sputare loro addosso. Il dolore in luogo dell'odio. Il dolore per me e per loro".

Con il tempo, l'adulta sta con la bambina nel dolore di quella realtà, allora non gestita. E sarà lei, l'adulta, a dire a quella bambina che le cose sono andate così e le offrirà poi una sponda su cui, finalmente, poggiarsi.

*Ottobre 1996*

Quando Anna venne da me, per arrivare al mio studio camminava rasente ai muri "per sentire di essere protetta", di non avere "la pelle scoperta".

Una volta mi disse: "…io debbo dirmi che quella è una scatola, che quella è una radio, per potermi dire che, se io riconosco quella come una scatola e quella come una radio, allora io sono io…"

*27 settembre 2000*

Anna: "…l'altro giorno, ieri, ho capito che il punto centrale della questione è che mia madre voleva sentire da me che tutto andava bene. Il lato positivo è che se fisicamente stavo male, sapeva consolarmi, dicendomi che andava tutto bene lo stesso… Se i nonni, o mio padre, o lei stessa erano malati, minimizzava, e non me lo faceva mai pesare. Ma se io stavo male dentro, non conoscevo il modo di dirlo, e non trovavo in lei, né in altri, un interlocutore che desse spazio a questo mio disagio interiore. E così sono cresciuta senza essere capace di dire, il mio star male, o il mio star bene, interiore.

Il fatto è che questo mio continuare a parlare con mia madre, questo continuo evocarla mi tiene compagnia. Ho paura di perderlo, perché in questo dialogo continuo con lei assente ma presente, ho qualcuno con me in questa casa vuota che mi fa paura. E allora le parlo, sia perché mi sembra un mio dovere verso di lei mantenerla viva, sia perché io ho paura di restare da sola, se il suo fantasma, che tra assenza e presenza, lei è sempre stata, dovesse salutarmi davvero per sempre.

La sua assenza/presenza, non è stata una sua colpa, ma soltanto e semplicemente una disgrazia per tutti noi.

E con la Fufina, la mia gatta, e con me stessa, perpetuo quel rapporto che conosco…"

*Febbraio 2001*

Anna: "Io andavo alle feste ma non c'ero. Ero lì ma non sapevo cosa stesse succedendo; c'era solo una paura… *e non esserci.*

In una parte profonda, lontana, c'era un contatto con il mondo esterno, ma non riusciva a salire… a diventare azione. Ho dovuto imparare da sola a stare con le persone…"


**La bimba ritrovata…**

Quello che si ritrova è la bimba ferita, quella che è stata incapace di gestire le proprie difficoltà e che porta con sé, ancora nel presente, un vissuto esperito nell'essere della difficoltà e l'atteggiamento specifico con cui ha reagito a quelle situazioni.

Da una seduta con Rosa: "…c'è dentro di me una bambina abbandonata che singhiozza, è sola, è stata lasciata sola, tutti se ne sono andati, non c'è più nessuno per lei. Si guarda intorno spaurita e poi c'è il buio, si rinchiude dentro sé stessa per non vedere il buio e non sentire il silenzio. Quando sento l'amore sento anche il dolore di queste ferite aperte…"

Una volta sciolto il nodo a cui ora la parte adulta (parliamo di una parte adulta che ha "lavorato" su di sé) riesce a dare il giusto significato, riapparirà la bimba nella sua essenza vitale, liberata dalla paura arcaica di non poter affrontare o risolvere quella realtà. Paura che allora apparteneva, in questo caso, a cose reali (un padre imprevedibile e la situazione ingestibile), ma che oggi investe situazioni in cui diventa "irrazionale".

Con il tempo, nel caso di Anna, l'adulta starà con la bambina nel dolore e nella paura di quella realtà allora non gestita. E sarà lei, l'adulta, a dire a quella bambina che le cose sono andate così, ma che ora c'è lei e nessuno le potrà più fare del male. Ma prima dovrà dirlo a sé stessa, poi le offrirà "una sponda" su cui finalmente poggiarsi.

E nel dirlo a sé stessa avvertirà il dolore, *l'angoscia dell'essere sola* di allora e da questo contatto, da questo **"sentire"**, nascerà un senso o sentimento di "forza".

Sentirà la paura e la mortificazione e da questo contatto nascerà un sentimento di "dignità" da salvare.

I bambini che hanno paura del buio o dell'uomo nero, hanno in "realtà" una paura più grande: **sentono** di essere **"da soli"** nel mondo, senza strumenti adeguati, scarsi i punti di riferimento, incapaci di affrontare il mondo e "privi" del senso di protezione di un adulto (uno o entrambi i genitori).

## Una poesia

*Oh ti prego bambina mia*
*Non ridere, no non ridere, ti prego*
*oh, no! Non ridere più bambina mia*
*ti prego…*
*non nascondere più bambina mia*
*il tuo dolore, la tua vergogna innocente*
*dietro il tuo bellissimo sorriso.*
*I signori del potere*
*non sono degni*
*del tuo dolce sorriso.*
*Vieni, ti porterò lontano con me*
*dove potrai ridere e ridere*
*nel vento della libertà*
*che non ti farà male.*

Il mondo delle emozioni non è facilmente e sempre raggiungibile. Il lavoro terapeutico è un continuo rivisitare le cose finché non scatta qualcosa. Le cose si rivisitano ancora e ancora, ogni volta a livelli più profondi, oppure si può dire che è la stessa cosa ma vista da angolature diverse. Poi ci sono gli spostamenti verso parti più profonde o nascoste.

Ad un primo livello è un raccontare la storia senza emozioni, poi si entra in contatto con la realtà e di come vanno e di come andavano allora le cose, poi si iniziano a contattare i sentimenti e le emozioni che esistevano all'epoca.

I tasselli trovano il loro giusto collocamento e si assestano, in questo doloroso recupero di quella o quelle situazioni. Il lavoro viene fatto dall'adulta prima, e con la bimba poi.

## "Rimango solo io"... Solo

L'essere "solo" non deve confondersi con l'essere solo nel senso di abbandonato, che sperimenta il bambino lasciato a sé stesso. Si tratta di un essere solo perché lo si decide, come entità singola ed autonoma. È un "essere soli dell'autonomia". Ciò può avvenire quando si tagliano "i fili che ci tengono legati agli altri". Questo è un "solo" che il bimbo non può esperire, non essendo autonomo per sua natura. E non è neanche il "solo" del nevrotico che è ancora legato al suo sogno e che "lo àncora" all'altro. È un: "...rimango solo io... ho tagliato tutto... ora è crollato anche tutto il resto: quello che ho sempre cercato, il senso dell'esistenza, anche i valori... non li vedo più come tali... non valgono più... però forse... alla fine... almeno rimango io... sì... io con me stessa". (Tratto da una seduta). Passano circa quindici minuti per elaborare questo. Ed erano trascorsi mesi di contatto con *"l'essere solo", "l'essere senza un senso"*...

È a questo livello che alcune persone contattano più chiaramente una forma **di paura** che è sempre esistita e che ora si presenta con maggiore chiarezza. Quella paura che è collegata con la "mancanza di strumenti adeguati" ad affrontare la realtà. Allora si riconosce il "modo di essere dell'inadeguatezza", dell'essere in balìa di... A volte si possono presentare crisi di panico. Il lavoro consiste nel cercare nel passato, attraverso un meticoloso lavoro di indagine di ciò che succede nel presente, quelle *sensazioni di "essere incapaci di"* e quel filo che ora usiamo nel relazionarci con l'altro e che ci sta salvando da **quell'**antica paura** che avevamo nascosto, perché incapaci di gestirla "da soli"...

Esempio: il bisogno di essere sempre *"aggrappati"* a qualcuno, (in senso metaforico) pena la paura, se si fa "quella cosa specifica da soli". Si può così risalire al suo *"opposto"*, ad esempio essere "dimenticati" o "lasciati a sé stessi" in situazioni ansiogene. Le esperienze di abuso di qualsiasi tipo sono una chiara esemplificazione di questa paura antica.

## Una poesia

*Siamo veloci con la mente*
*e troppo rapidi nei pensieri e nei ricordi.*
*Lenti nel sentire il nostro cuore,*
*le nostre emozioni,*
*ciò che rimane dell'avventura*
*di una realtà sfumata nei colori.*
*Oppressi dal dominio della ragione.*
*Il tam-tam dei sentimenti*
*arriva piano e già ci sfugge.*
*Il guscio del nostro corpo*
*ci riprende velocemente*
*e le antenne più sensibili*
*si riducono*
*a fisse e immobili sculture.*
*Belle, lucide, colorate,*
*ammirabili alla vista*
*eppure inutili.*
*La forma, le azioni, il pensiero,*
*inutile corazza di un mondo*
*dove la bellezza e la felicità*
*sono impalpabili*
*e dirette da fili incomprensibili.*
*Il mistero però*
*È ciò che ci fa muovere.*

## La lentezza del procedere

Seguendo il percorso di Anna…

Tratto da diversi scritti: "*…fino a questo momento ho agito obbedendo alle idee, alle indicazioni di qualcuno che non sono io o che ancora non oso chiamare con un nome. So che questo continuerà per un certo periodo, che non potrò fare diversamente da come ho fatto sino ad oggi. Ma negli ultimi giorni mi è successo di capire che le cose sono andate così. Ora le parole semplificano vicende multiformi e ambigue; sono scarsamente allusive, mentre io vorrei che almeno dicessero con facilità e immediatezza quanto è fisico l'evento, quanto è tangibile la dimensione interiore…*"

Qualche tempo dopo: "*…da sola non ce l'avrei mai fatta, siamo state in due fin dal momento in cui è cominciato; in due anche quando io non potevo esserci se non con una parte piccolissima di me. Ora vedo quanto Maddalena sia stata fin dal primo giorno presente e capace nello stesso tempo di lasciare integro lo spazio in cui ero.*

*Integro ha spesso significato quasi vuoto, a volte occupato da qualcosa di contorto, impaurito, addolorato e da parole che spesso esprimevano l'incapacità di dire o che davano voce alla necessità di nascondere. Ecco, solo ora realizzo quale invasione avrebbe potuto compiere, quali difficoltà avrebbe potuto aggiungere a quelle già esistenti, una persona che fosse stata incapace di rispetto oppure una persona che non si fosse a lungo immersa in sé stessa prima di praticare l'oceano dell'altro*".

# Il processo di ripresa nel mondo
Laddove psicologia e filosofia si incontrano

Se si elaborano i propri vissuti, si interiorizza il vero senso dell'essere, che si evidenzia una volta smantellate le costruzioni nevrotiche difensive (la coazione a ripetere, il girare con i fili d'argento, il conservare modelli di comportamento "fallimentari"), ci si ritrova di fronte al *nulla*. Il senso del nulla emerge dalla elaborazione dei lutti, al "deserto" dei valori e allo svuotamento del senso nevrotico dei sentimenti.

I fili d'argento si interrompono perché si sperimenta quanto siano sterili rispetto alla realizzazione dei sogni. Allora l'onnipotenza e l'idea magica lasciano il posto al senso del limite e al senso critico della realtà e quindi, alla saggezza. Tagliato il filo d'argento si rimane completamente soli, con sé stessi, e non è semplice abituarsi all'idea dopo che per una vita si è rimasti aggrappati alla propria nevrosi.

Una volta affrontato *il nulla interno,* si presenta il confronto con *il nulla esterno,* ovvero esistenziale. Il nulla dell'essere che è una realtà dell'esistenza con i suoi limiti, la provvisorietà dei suoi valori e delle cose.

Il grande segreto della vita è che la vita non ha senso, se non quello che possiamo darle noi (Nietzsche: diventa ciò che sei...). E per dare il giusto senso alla propria vita occorre essere soli nella propria finitudine e accettare il limite della vita stessa che è la morte.

Il **di-venire** è un evolversi tenendo uniti tutti i pezzi di sé, in un sistema solare proprio, senza né esplodere né implodere. Nella misura in cui si riflette di luce propria, faremo luce noi stessi e saremo ben visibili dall'esterno. Il proprio sistema solare si esaurirà con noi, quando giungeremo alla **FINE** della nostra esistenza.

*"Risaliamo insieme il fiume della vita fino alla sua sorgente e da lì prendiamo il volo verso la libertà dell'infinito."*

## Un punto di vista filosofico

Non si può "sposare" la filosofia della globalità, continuando ad usare le misure ed il linguaggio del positivismo e strutturalismo; la comunicazione diventa babelica. Siamo nella dimensione schizofrenica, in cui non esiste più una interscambiabilità nelle sfere psichiche e mentali. Colui che parla di una libertà che, per essere tale, non tiene conto dei confini altrui, non la sta vivendo nella dimensione dell'essere della **filosofia esistenziale**.

Se il mio agire la libertà (non troppo nevrotica) nella dimensione della relatività, è un agire che finisce dove incomincia la libertà dell'altro, la sua sfera diventa per me il MIO infinito. Infinito inteso come "vivere con gli altri nel mondo", cioè "Mit-Sein" o "With-To Be".

Io determino il mio infinito per ciò che riguarda il mio bisogno ("figura") che non sarà mai assoluto e incondizionato, perché sarà condizionato *dalla coscienza* di appartenere o essere nel mondo con altri che costituiscono lo "sfondo". Quindi è il mio bisogno che determina l'infinito (l'Assoluto/il Nulla).

La differenza sta nella concezione psichica dell'uomo. Solo chi vive nello schema del Positivismo (che è un qualcosa che limita; è una struttura definita) percepisce la sfera dell'agire personale, *finito* e per me infinito, nella stessa dimensione della fisica sperimentale, che è estranea alla concezione della psiche, propria della psicologia Rogersiana (il Finito/il Niente).

Finché si continua a "quantificare" anche il relativismo, si è sempre nella struttura del positivismo e il dialogo si fa dispersione. Il positivista definisce privo di senso tutto ciò che non è verificabile, perché non considera la dimensione della relatività.

Colui che afferma che *la verità non esiste,* (Nichilismo) pensando così di essere libero dagli schemi (è un prendere sempre le distanze da…) si muove ancora nella dimensione del Positivismo. Chi è nella dimensione della psicologia esistenziale non se lo pone nemmeno come problema; se dico che la verità non esiste, significa che *mi chiedo* se c'è.

Colui che afferma che la verità non esiste, è lo stesso che ha negato o sta negando ciò in cui prima credeva. Per colui che vive nel relativismo, *che la verità ci sia o meno, non ha alcuna importanza.*

Qualunque elemento venga estrapolato da una sua globalità diventa figura ma, non può perdere la sua identità rispetto a *quella* globalità, che diventa il suo sfondo.

Se non si rimane ancorati a "quello sfondo" la figura può diventare tutto… e niente, allora sono nella dispersione.

Se invece la analizzo, la figura A su uno sfondo B che non è suo, può diventare un equivoco.

La percezione della realtà per uno strutturalista è diversa da come la percepisce un relativista.

L'una è la libertà *da uno schema* e l'altra è una libertà *nel suo essere.*

L'una ha come limite massimo l'infinito che va oltre i confini (lati) che lo delimitano, l'altra ha come limite massimo… nulla (niente), perché non c'è nulla oltre "l'essere" di sé stesso.

La libertà di sputare in faccia all'altro (parole o quant'altro) "perché è questo che voglio" è la libertà della dissoluzione. La libertà vera è quella dell'autoregolazione e colui che vive in "reale" contatto con sé stesso, non avrà mai bisogno di sputare in faccia a qualcuno…

"Io mi relativizzo nell'entrare in contatto con te". Qui non è uno schema che agisce in me, bensì *il Rispetto*, un **valore universale.**

**"Il rispetto non è altro che un puro atto di coscienza. E da lì mi apro sull'infinito con te".**

*Dove il narratore è fedele, eternamente, inflessibilmente fedele alla sua storia, là alla fine parlerà il silenzio. Dove la storia è stata tradita, il silenzio non è che vuoto. (Karen Blixen).*


*NEVER FORGET*
*WHERE YOU COME FROM*
*OTHERWISE*
*YOU WILL NEVER*
*KNOW WHERE TO GO*
*(Madeline Bosio)*


*Non dimenticare mai da dove vieni altrimenti non saprai mai dove andare.*

# Epilogo

Nel terminare la stesura di queste pagine, quello che vorrei rimanesse maggiormente impresso, è la forza di tutte le testimonianze che ho introdotto attraverso alcune storie di vita raccontate dalle persone che ho incontrato nel lavoro terapeutico.

Sono un bene preziosissimo ed unico che consente a ciascuno di riflettere sulla propria storia, ma anche un invito a coloro che fanno questo lavoro a cercare di fornire un contributo più scientifico… ammesso che la fenomenologia possa essere "racchiusa" in qualcosa di sistematico… io ammetto di non essere riuscita a farlo.

Ho scelto di condividere alcuni momenti della mia vita "intima" di psicoterapeuta, perché ritengo che il dar voce ai vissuti sia più efficace di qualunque trattazione che rimanda solo agli aspetti teorici.

Ed è esattamente in questa maniera che intendo concludere questi scritti, attraverso la "voce" di Zeffiro, che mi invia una lettera…

*"Oggi mi sono sgretolata, letteralmente frantumata. O meglio, ho smesso di tenere insieme con uno sforzo titanico ed inutile, quei panni che erano già a brandelli da tempo. Non so da quando. Forse da quando portavo quel vestitino (originariamente bianco di piquet), ormai logoro e grigio e mi trovavo sola davanti a tante strade. Ho ritrovato in questi giorni una fotocopia di una fotografia di me con quel vestito. Avrei voluto portargliela oggi, poi l'ho dimenticata. In questi giorni, quando sto insieme a mia madre (o quando raramente incontro mia cognata, mio fratello, i miei nipoti), di cui subivo le conseguenze, ma che non sapevo chiamare per nome, rileggo i ricordi e a poco a poco comprendo. Eppure non capisco perché mia madre mi abbia ignorato e mi ignori fino a questo punto. Se mi avesse "odiato" apertamente forse, per assurdo, mi avrebbe lasciato*

*più libertà di essere me stessa. Invece si è sempre insinuata in me con i meccanismi del senso di colpa, insieme al disinteresse. Questo tipo di relazione è evidentemente diventato la modalità con la quale io "mi faccio" relazionare dagli altri. Penso. Perché non ho conosciuto finora altre modalità. Adesso mi sembra di essere, mi sento una bambina piccolina che cerca qualcuno che la prenda per mano. Quella bambina che era al buio. Per un breve periodo di tempo quel qualcuno è stata la mia "seconda" mamma, una cara vicina di casa. Poi è difficile dirlo... per molti anni sono rimasta sola ad aspettare finché ci siamo incontrate. Ho avvertito quasi subito un forte attaccamento, che ho cercato di controllare, perché ho percepito sensibilità, interesse, rispetto per me. Quando ho detto al dott. Savini che "lei mi vuole bene", lo pensavo e lo penso veramente, anche se sono pienamente consapevole dei ruoli di ciascuna. Capisco che devo trovare quei sentimenti per Zeffiro "in me". Non ci sono, o meglio sono nascosti, addormentati, e mi sconvolge e stupisce trovarli in un altro. Questo però mi dice che sono sentimenti che esistono e che posso fare miei, o posso risvegliarli. Li riassumerei in: rispetto e senso della dignità. Neanche un amico è capace di farteli provare per te stesso, soprattutto se non ne hai fatto esperienza con i tuoi genitori. Avrei potuto chiamare questi sentimenti "amore di sé", ma mi sembra troppo generico; amor proprio va meglio, ma allora è esattamente quello che dicevo prima: rispetto di me e della mia dignità. Comincio ad avvertire questi sentimenti attraverso di lei. Comincio... ho dietro di me una storia che si sta rivelando talmente devastante che comincio solo ora a pensare a me in termini che non sono di disprezzo. Questo non è facile, né automatico. Quando mi sembra di avere capito, scopro altri mille atteggiamenti negativi rivolti a me. Prima non pensavo mai ai sentimenti di Zeffiro verso Zeffiro. Non pensavo mai a Zeffiro, ero "marginale" anche a me stessa. Trasparente... oppure tappezzeria, a seconda dei contesti. Adesso per molti sono ancora tappezzeria (mia madre è tra questi e non potrebbe essere altrimenti), ma mi sto rendendo conto dell'orrore. Comprendo quello che mi è stato negato e "che sono stata educata a negarmi". Non so che altro dire. Sento una stanchezza "pluriennale", "cosmica". È tutta la sera che verso lacrime, ma non sono disperata. Oggi quando lei mi raccontava la mia fragilità, mi sono vista bene e con chiarezza. Mi viene in mente una situazione un po' comica, ma almeno sdrammatizzo. Penso all'imprinting e a me come una paperina che finalmente esce dal guscio e per fortuna trova la "papera giusta" da seguire. Meno male che non era il gatto. Mi dispiace di non aver saldato le sedute che ho saltato, non me ne ero resa conto, anche se lei questo lo aveva compreso. Mi scuso di non aver chiesto oggi quanto le dovevo, ma ero sconvolta, una paperetta nel mare mosso, molto mosso...".*

Quel giorno, in seduta, le avevo rimandato la configurazione del suo "essere nella fragilità". La terapia era in corso da alcuni anni.

Quando feci con lei il "primo colloquio" non le dissi che le sedute in cui sarebbe mancata si pagavano; avevo di fronte una creatura talmente devastata e "schiacciata" che un "peso" in più da assumersi… era troppo, per quella "bimba" che stavo vedendo in lei…

**Da uno scritto:**

*For Madeline*
*Thank you for calling me friend*
*For being there while we travelled*
*In the Netherlands of*
*Warped pain and refusal*
*When your face would hit doldrums*
*When I saw reflected there*
*The nothingness I couldn't escape*
*Thank you for holding me*
*And crying with me*
*When the realist pain*
*I'd ever known ripped me apart*
*Leaving me empty but calm*
*Thank you for being my friend and sister*
*For unmasking your Australian self*
*Just long enough*
*For me to see*
*The warm furry koala bear in you*
*Thank you.*

Al termine di un corso di specializzazione in Sessuologia Clinica, un'allieva mi consegna questo scritto.

*Con infinito affetto e profonda gratitudine per avermi "condotta" fin qui.*

### Sono pronta

*Io non lo so,*
*non lo so cos'è questo vuoto*
*Io non lo so*
*Non lo so perché… un giorno… non ti basta più*
*Non lo so perché questa paura*
*Questa folle paura di perdere tutto*

*Io non lo so.*
*Quanta fatica guardare in faccia*
*Quei fantasmi senza volto e senza nome;*
*andare a ripescare tra quei fogli accartocciati*
*della propria storia*
*che fatica!*
*Lo sento dentro quel bimbo che urla spaventato;*
*vorrei prenderlo per mano*
*ma poi non lo so,*
*non lo so quanto sanguinano ancora le sue ferite.*
*Ma non mi basta più; non mi basta più*
*Ascoltare la musica a tutto volume,*
*circondarmi di amici, amare con tutta me stessa*
*nell'illusione che non finirà mai.*
*Non voglio illusioni.*
*Ho bisogno di silenzio;*
*ho bisogno di ascoltare quel grido*
*di coccolare quel bimbo.*
*Io non lo voglio un film.*
*Voglio la mia vita.*

*...E ricomincia un'altra storia.*

## Il paradosso del saggio

*Per vivere liberi bisogna sapersi mortali; per sapersi mortali bisogna avere preso piena coscienza della propria immortalità (per il buddista), del proprio qui ed ora, che ti immette nel senza tempo.*

Come si può notare, i "Fili" che guidano i "massimi sistemi"... sono tutti uguali...

# Appendice

Abuso sessuale infantile: vissuti emotivi ricorrenti nell'esperienza clinica con adulti

Vorrei esporre una serie di osservazioni che sono emerse dall'esperienza terapeutica con donne abusate quando erano bambine. Queste esperienze terapeutiche trattano un evento specifico, quindi ho pensato fosse più semplice inserire il materiale in un capitolo a parte.

Le osservazioni teoriche hanno bisogno di ulteriori indagini cliniche.

Sono comunque letture diverse dalle teorie che affondano le loro radici nella teoria freudiana e nella filosofia positivistica.

Una parte di questo lavoro è stata pubblicata in compartecipazione con la dottoressa Cheli, sulla rivista "Maltrattamenti e Abuso all' Infanzia".

## Le mie osservazioni

Gli abusi sui minori che possono essere sottoposti a giudizio penale sono di vario tipo: violenza fisica, ovvero percosse, maltrattamenti, ferite con oggetti e modalità varie; violenza psichica, che consiste nel nuocere al minore con messaggi distruttivi di svalutazione, mortificazione, derisione, vale a dire tutti quegli atteggiamenti che vanno a minare la stima che il minore deve costruire in sé, per avere la possibilità, in futuro, di muoversi nel mondo con fiducia e rispetto nei confronti di sé stesso e degli altri.

La trascuratezza viene considerata come abuso quando il minore viene lasciato nell'indigenza materiale, ma anche relazionale, fatta di disattenzione, noncuranza, abbandono del bimbo a sé stesso.

Infine, l'abuso sessuale, che sarà oggetto di queste considerazioni.

Tutti gli abusi producono conseguenze negative, se non nefaste, nella psiche e, di conseguenza, nella personalità dell'individuo abusato, compromettendo quindi il suo mondo comportamentale prima e il suo essere adulto poi. Perché?... C'è una parte dell'io che conserva ancora un candore infantile: *il sogno... l'aspettativa;* aspetti che sono rimasti imprigionati, "entrapped" direbbero le neuroscienze, nell'esperito traumatizzante.

I tipi di disadattamento, la loro complessità e vastità, dipendono dall'età del minore, dal tipo di legame esistente tra vittima e abusante. Se è una persona dell'ambito familiare, conoscenti, oppure estranei, o ancora, sette di vario tipo.

Prendo in considerazione la violenza nell'ambito familiare, dove la vittima è un figlio/a del genitore abusante.

L'intento è quello di fornire a coloro che si occupano di abusi, elementi che possono aiutare a configurare quali sono le **rotture** più dolorose che si manifestano a livello di legame relazionale ed affettivo, da parte della vittima e quali sono le strutture della personalità messe a dura prova.

Gli elementi descritti sono quanto emerge, con una *costante elevata*, dalle terapie con persone adulte abusate nell'infanzia, le quali hanno dovuto confrontarsi ed in qualche modo "fare i conti" con esperienze spesso sepolte, ma che hanno continuato a disturbare la loro vita. È quindi un materiale prezioso nella misura in cui emerge dal profondo delle ferite di vittime di abusi ed incesti, ma che sono sopravvissute in qualche modo al loro trauma, giungendo ad una psicoterapia.

Il processo psicoterapeutico è sempre molto lento e a volte disperante, nella misura in cui accettare una serie di realtà, dissotterrate da angoli bui in cui sono state tenute per molto tempo, è come morire a sé stessi. Per i bambini sarà diverso, ma le ferite del minore sono sempre le stesse che vengono curate in età adulta.

Ho lavorato anche con donne abusate che rischiavano di abusare i propri figli o erano attratte da altri minori e ho potuto riscontrare che le ferite che portano dentro di sé sono sempre le stesse.

L'obiettivo terapeutico è il recupero del *potere personale* di queste persone, che passa attraverso l'accoglimento e l'elaborazione della paura per essere stati soli, di essersi trovati privi di strumenti difensivi, non avendo in quell'età risorse personali adeguate, mentre affrontavano eventi così distanti dalla loro realtà, il dolore di non avere trovato protezione e quindi, trovarsi sconfitti.

L'esperienza clinica permette di individuare la **PAURA** ancor più del dolore, l'elemento base per il recupero del proprio *potere personale* e *capacità di giudizio.* Paure di cui rimangono molte tracce nell'età adulta in particolar modo, a volte trasformate in violenza.

Le esperienze di abuso intra-familiare precipitano il soggetto in crescita in una dimensione affettiva connotata principalmente da paura ancestrale, simile a quella provata dal neonato nell'attimo in cui viene alla luce e deve imparare a respirare, da incertezza, ambivalenza e perversione che minano alla radice due aspetti cruciali dello sviluppo: la formazione della *capacità di giudizio* (imparare a differenziare tra ciò che è giusto e ciò che è sbagliato per sé e per gli altri) e la *capacità empatica.* L'empatia è il freno all'impulso violento (auto ed etero diretto) e al vissuto di isolamento, la qualità che induce a riconoscere e a sentire il proprio e l'altrui dolore e che trasforma il passaggio all'atto e/o il disinvestimento nei confronti del mondo, in recupero del contatto emotivo, in un pensiero che include la prospettiva del sé e dell'altro.

Come hanno descritto De Zulueta (1993) e Alice Miller (1988), ogni atto violento, ogni rinuncia a mettersi in gioco emotivamente, affonda le proprie radici in un passato fatto di perdite, tradimenti, abbandoni e nella rabbia che ne deriva, rabbia che impedisce dapprima il riconoscimento e poi l'accoglimento delle proprie emozioni.

L'esperienza clinica mi suggerisce che ancor prima della rabbia (Io-Tu), è la **paura (Io-Me)** a celarsi dietro al dolore:

La paura del bambino di perdere le sue figure di riferimento e al contempo di esserne sopraffatto.

La paura che origina dalla percezione di sentirsi impotenti quindi incapaci di gestire la realtà, perché non si possiedono strumenti, nemmeno quelli che dovrebbe avere un bambino: piangere, urlare, chiedere aiuto. Gli strumenti "vanno fuori uso"… dice una cliente.

La principale *"frattura"* del *Sé,* la "compromissione dell'esser-ci" in termini fenomenologici, nasce quindi dalla *paura,* che imprigiona e contorce le potenzialità affettive della persona in crescita, coinvolgendo pesantemente anche i processi cognitivi, a causa dell'ingestibilità ed impossibilità di comprendere ciò che sta accadendo "realmente"; quindi il bambino risulta confuso e smarrito, dentro un'esperienza più grande di sé.

La paura, come avviene frequentemente nelle situazioni di panico, *destabilizza* il funzionamento cognitivo ed emotivo precipitando il soggetto dentro la buia prigione dell'ambivalenza, della violenza e, spesso, della perversione.

## L'esperienza destabilizzante. È la paura che va a "scomporre" la struttura dell' "esistere"…

È importante "visitare" (esplorare) i *vari aspetti dell'io* che sono coinvolti nell'esperienza drammatica, per poter aiutare la vittima a ricomporsi dopo una forte esperienza di frantumazione.

Ho individuato due nuclei importanti, che considero i **PILASTRI** da cui si irradiano tutti gli altri aspetti della persona adulta abusata nell'infanzia: uno appartiene all'abusante, l'altro all'abusato. Si tratta del **POTERE e dell'ESSERE.** Ovvero, da un lato c'è l'abuso di potere da parte dell'adulto, dall'altro c'è l'espropriazione e quindi la frantumazione dell'essere, che si ripercuote sull'Esistere.

L'adulto, per il fatto di essere genitore, crea ulteriori problemi, e più gravi di qualsiasi altra forma di abuso, in quanto l'incesto è il più grave tabù che esista e questo fa sì che la vittima non possa confrontarsi e confrontare il gesto con nessun altro tipo di esperienza, essendo già un gesto "fuori natura". È un esperienza fenomenica che si esaurisce in sé stessa, ed è questo il rovello (uno dei tanti!) della vittima, che porta l'esperienza, creando disarmonie e disfunzioni dentro di sé.

Molti sono i *costrutti* che si scombinano. Le vittime si sentono violate, derubate e defraudate proprio da coloro che avrebbero dovuto rispettarli, proteggerli e difenderli, e offrire loro un amore incondizionato.

In terapia con le persone adulte si cerca di fornire un "costrutto" che possa diventare una *base* sulla quale inserire degli *"innesti"*, dai quali promuovere piano piano un recupero dell'immagine di sé. È un po' come costruire la pelle, laddove il corpo è stato rovinato da un incidente.

La loro esperienza è paragonabile all'essere stati in un posto "mortale", dal quale sono usciti vivi (parole delle clienti). L'abuso è un'esperienza, infatti, che porta con sé il sapore della morte:

- La morte della *relazione* con il genitore in quanto tale.
- La morte della *fiducia* nell'altro e nel mondo che molte volte non crede alle vittime.
- La morte nel momento della *frantumazione del proprio sé* impotente e mortalmente ferito.

- La morte del proprio *"essere nel mondo"*: *"mi sento disabitata"* – *"mi sento devastata"*. È un Waste Land feeling.
- C'è anche quel *senso di morte* che sta nella paura che si avverte nel sentirsi soli in balia dell'altro, privi di protezione e "dentro" un'esperienza più grande di sé. È attraverso questa paura che passa la violenza ed è attraverso *"l'esperienza"* di questa paura che la qualità dell'essere come *"Esistere" subisce una modificazione.*

Uno dei costrutti usati, forse il più significativo, è il seguente: **"Loro sono stati in un luogo dove neanche gli angeli osano andare"... E ne sono usciti vivi e da soli**; una frase presa da Bateson, ma che ben si addice a quello che vive un minore abusato da un genitore.

Non esiste un momento preciso in cui la si adopera, solo l'empatia e la sensibilità del terapeuta trovano il momento giusto nel posto giusto. Posso assicurare che è una frase che ha il potere di fare vibrare il nucleo (luogo) più profondo dell'esperienza.

È come iniziare da qui un lungo cammino di riscatto per quello che è successo. In questo costrutto, che per il momento è al posto di un "essere" in frantumi, e che viene accolto come una dolce carezza e forse la prima in assoluto che si posa su tanto scempio, va inserita l'esperienza, il vissuto dei sopravvissuti.

Si parte dal presupposto che la psiche abbia subito un trauma di tipo schizoide, perché è frequente nel racconto delle vittime la sensazione che il corpo è lì, la storia è là e loro sono da un'altra parte. Occorre fare sì che le loro parti si riuniscano e questo lo vedremo più avanti.

I vissuti più forti che sono causa della destabilizzazione della personalità, sono qui esposti senza un criterio preciso. Parliamo di criterio perché almeno nell'adulto esiste un qualcosa di simile ad una "matassa" che si dipana, ma che è impossibile esporre. Inoltre c'è un codice di accessibilità agli argomenti da affrontare che varia da persona a persona, e questo vale anche per una terapia con un minore.

Ci sono sedute che si ripetono sempre con la stessa tematica, come se fosse quello l'elemento più toccante della storia, oppure ci sono sedute in cui l'incredulità non riesce a trovare "pace": *"...come?! ...perché?! ...perché me?!"*

Dobbiamo tenere presente che le persone sono un pugno di "grumi di sangue" accumulati alla rinfusa. È solo piano piano che si delinea un iter terapeutico, man mano che i tasselli vengono affrontati e ripuliti.

Anche in questo lavoro, sebbene usi "costrutti" ed "innesti", seguo il fiume del racconto della persona, nel rispetto della "non direttività" Rogersiana.

## I pezzi del puzzle

Un concetto generale dell'esperienza è l'essere *DERUBATI*.

I bambini sono stati *derubati*, anzitutto della *FIDUCIA*, la fiducia nei ruoli e nel mondo.

La loro fiducia è stata tradita ed inoltre tradita in una sfera particolare, quale è quella sessuale; quindi sono doppiamente traditi. Questo li induce a fidarsi poco degli altri.

È lo *"spazio di sicurezza"* che è stato violato e derubato. Sono stati violati dei "confini" del proprio "essere persona", confini che non possono essere oltrepassati nemmeno da un genitore, anche se spesso si sente la fatidica frase: "così come ti ho fatto, ti disfo…"

Lo spazio di sicurezza e la sua violazione richiamano il concetto di **RISPETTO**.

Nell'atto di violenza ed in particolare quella sessuale, **il rispetto è calpestato**: c'è la *"mortificazione dell'essere"*. Il vissuto penetra, insieme alla paura, attraverso tutti gli strati dell'"essere" della persona e colpisce il senso dell'"esistere". Con il rispetto frantumato, ultimo filo che ci tiene legati alla dignità, la vittima è *derubata* di quel valore che è la pietra fondamentale (Basic) per la sopravvivenza di tutto ciò che è "nel mondo" e "del mondo"…

Con il gesto di abuso il bambino è stato deprivato del *"suo" senso di personale controllo* del proprio mondo (la "padronanza" di sé), procurandogli invece un senso di impotenza ed incapacità di proteggere i propri spazi.

Lo "spazio di sicurezza" tra genitore e figlio è minimo ed è da tale spazio violato che *nascono meccanismi di difesa*, per cui si cerca di creare un "grande" spazio di sicurezza; quindi per alcuni la difesa consiste nel tenere tutti lontani. Ad esempio ci sono donne abusate che non accettano abbracci dai loro figli (quando i figli crescono la cosa cambia leggermente), di fronte all'abbraccio si ritirano esprimendo un senso di fastidio e di disagio, come se il gesto facesse senso.

Altre hanno rapporti sessuali durante i quali sentono di "non esserci": "…sì il mio corpo è lì, ma è come se io non ci fossi…" cioè non esistono nella relazione.

Altre invece si espandono troppo con tutti; non ci sono più confini.

Sono le situazioni in cui si danno a tutti gli uomini con cui hanno occasione, continuando a sperimentare il sentimento di impotenza e di appropriazione del loro corpo da parte di un altro.

Oppure, sempre per questo spazio violato, è tutto talmente scombinato che, nel tentativo estremo di salvarsi di fronte ad una realtà assolutamente impossibile da vivere e da contenere, la vittima "si toglie" dall'esserci, per cui una parte dell'Io schizza (ovvero si scinde) così che possa dimenticare, e siamo allora di fronte all'esperienza psicotica da trauma.

Ma gli occhi e il corpo **non dimenticheranno mai**; per quanto nascoste, le ferite sanguineranno fino a che non verranno riaperte per essere curate.

Il terapeuta non può addentrarsi in questo spazio in modo direttivo o seguendo suoi schemi o progetti di lavoro. Non gli è consentito. Può solamente accettare ed accogliere la distanza imposta dal paziente che in cuor suo sa che deve fare i conti con qualcosa che sta disperatamente rifiutando.

È il veicolare il messaggio che "sappiamo dove è stato" e che si tratta di un posto da cui comunque ne è uscito vivo. È il camminare di fianco a lui/lei che costituiscono la chiave di accesso per il lento e faticoso recupero del potere personale che passa attraverso l'elaborazione della paura di essere stati soli e impotenti, di quella speciale emozione che scaturisce dall'impossibilità di aver potuto "gestire" l'esperienza di abuso, di aver potuto chiedere aiuto, di poterla trasformare in parole.

Un altro pezzo del puzzle riguarda l'*INNOCENZA*.

Le vittime sono state *derubate* della loro innocenza e con questo non si intende un valore morale, ma il valore che sta con tanti altri che fanno parte dell'età dell'essere bambini. L'innocenza è una parte dell'identità del bambino: la realtà è letta e percepita con gli occhi dell'innocenza, per cui, con l'abuso inizia "*l'identità confusa*": "*...Sono stata costretta ad essere grande...*"

Sul piano fenomenico, l'esperito ha distrutto il senso di fiducia ed il sentirsi in salvo, cioè protetti (un elemento importante nell'esperito del perverso). Rimane un senso di pericolo, di grave, di una cosa che non si afferra completamente.

Quando questi confini sono stati violati, il bambino è deprivato del senso di **CONTATTO (grounding)**; cioè il sentire del tipo: "sono **Io** quello...", in altre parole c'è qualcosa che si è scollato.

L'esperienza vissuta è di una *impotenza* totalizzante da una parte e di *dolore* inconsolabile per il vissuto di "maceria" nel quale è immerso. Una sensazione nella quale è pressoché impossibile stare, se non a rischio della propria sanità mentale.

È impressionante in terapia sentire il tipo di pianto che ritorna col suo suono infantile ed inconsolabile.

In tutto questo, l'unico che rimane veramente lucido è l'abusante, che per l'ennesima volta esorcizza o reitera qualcosa appartenente alla propria storia.

Quando a questi vissuti precedentemente esposti si aggiunge **la violenza**, la vittima si comporta come un reduce di guerra, che quando ricorda e racconta, evidenzia e sostanzia quasi nell'atmosfera, il pathos, la paura, il pericolo, il dolore e la tragicità del proprio vissuto. Contemporaneamente percepisce e racconta *la violenza dell'altro*, che passa attraverso le difese spezzate. L'io rischia di dissolversi in questo continuo passare da un personaggio all'altro. Alle emozioni dell'essere vittima, si infiltrano quelle del violentatore nemico… e le due figure si confondono ed intrecciano nella mente della vittima.

Questo significa che le difese sono messe a dura prova, che l'io fatica a conservare la separazione dall'Altro da sé: esiste solo l'impotenza, la realtà violenta ed "inaccettabile" ed il proprio sentirsi una "maceria"; c'è la mortificazione e quindi l'annichilimento "dell'Essere".

Come accennato prima è la paura che "rompe" le difese dell'io. E in questo momento c'è anche un "Esistere" in difficoltà: c'è un pericolo perché non si posseggono gli strumenti idonei o un Potere Personale Funzionante.

Riepilogando, si possono individuare certi "passaggi": l'esperienza è quella di essere privi di strumenti; il potere non funziona in quanto azzerato. Privi di potere e privi di strumenti funzionanti, non si possono usare né innalzare nuove difese. Significa a questo punto, essere *in balìa dell'altro da sé* (espropriati). Il terrore si presenta, il mondo cognitivo è inefficiente ed *è qui* che la violenza dell'altro pervade l'io.

Fino a che l'io riesce a salvare qualcosa di sé in questa battaglia, pur sembrando assurdo, in qualche modo si salva. Quando invece c'è la sopraffazione e cioè le due parti si avvinghiano l'una all'altra, la vittima sarà quella destinata a "ripetere in qualità di carnefice" la sua storia.

È questa una parte del passaggio dalla paura alla violenza. Il meccanismo di difesa è quello del "non-me", come dice Harry Stack Sullivan.

Nella fase di riabilitazione ("Healing"), il lavoro sull'impotenza e l'annichilimento accompagnerà la vittima (il cliente) ad un'emozione che consentirà il *recupero del dolore e della paura* dell'evento incestuoso, e quindi a sentire la devastazione dell'essere e la paura nell'essere così solo, mentre il tutto si stava consumando.

Dal racconto di una cliente abusata in età adolescenziale:

*Il momento della violenza è il primo, totale, agghiacciante, momento di consapevolezza "dell'essere solo" in quello scempio, per due motivi, tanto semplici quanto devastanti.*

*Nessuno che non abbia subìto questo tipo di abuso può avere idea di cosa significhi "essere" dentro due confini; uno fisico, e parlo del corpo nella sua interezza, e uno spirituale, e racconto della forza che ogni "io" ha per affermarsi ad essere.*

*Nel momento della violenza ogni nervo, ogni muscolo, ogni cellula del corpo sembrano amplificare il loro sentire come per ribellarsi o allertare la mente di quanto sta accadendo. Il risultato è ancora più devastante... Non avevi mai sentito le tue gambe così gambe, mai avevi avuto definizione più precisa di cos'erano e di quanto fossero tue, la tua pelle capta e ricorda ogni striscio, ogni futuro livido con estrema precisione e riluttante intensità, le tue mani capiscono quale sia il loro vero significato, il loro vero potere perché è di entrambe queste doti che vengono derubate.*

*E poi capisci cosa significhi **essere un corpo** anche dentro, capisci che tu sei ovunque ci sia carne di te, perché ogni pezzo di carne, anche quello che non hai mai toccato piange e urla il proprio essere in quel momento, l'unico in cui avrebbe scelto il silenzio rispetto alla totale impotenza di quella violenta e muta affermazione.*

*Ogni cellula, ogni nervo chiama la mente ed è lì che si ha la totale certezza di "essere" così ovunque, ma così ovunque impotenti.*

*Mai si aveva avuto una così limpida percezione di sé, se non nel momento in cui tutto quello che di noi avevamo capito e trovato ci veniva portato via.*

Con l'aiuto di quanto narrato e ricollocandoci al momento in cui la cosa accadeva realmente, ci rendiamo conto di quanto l'io di quella ragazzina fosse talmente fragile per gestire un tal genere di emozioni, assolutamente anomale per quell'età, e quindi di quanto abbia lottato per evitare la realtà.

In altri termini, non avendo gli strumenti idonei, ha dovuto *subire la realtà*, anziché poterla gestire. L'atto finale è un'**INFANZIA RUBATA.**

## Quando all'abuso si aggiunge la violenza fisica

Nelle storie di forte violenza familiare, nel minore si strutturano meccanismi "a corto circuito": c'è una Fase di attesa, una Fase di tempesta e l'Atto Finale (cioè la violenza attuata) che diventa subito un'altra fase di attesa del suo ripetersi.

Diceva Michela, una cliente che ha subito esperienze di violenze fisiche e sessuali: "...*Non esisteva una fase che si potesse chiamare la tregua, perché anche il silenzio fa rumore, perché ero già all'erta, in attesa che la violenza si ripetesse (quella fisica), perché non sapevo né come né perché né quando sarebbe avvenuto... e anche l'abuso era un'incognita, perché poteva farlo (il padre) quando ero sul divano in salotto, quando ero a letto, sia che fossimo soli, sia che ci fosse mia madre...*"

Questi vissuti di attesa, di incertezza, paura, ansia, dolore, senso del pericolo, pensiamo favoriscano una lenta uscita dal vivere con gli altri. Cioè la comunicazione e la socializzazione si rendono difficili perché è inevitabile che a questi meccanismi si affianchino comportamenti reattivi che denunciano il malessere: agitazione, violenza, chiusura. Michela si chiudeva sempre di più con un comportamento di bambina docile e silenziosa che non voleva socializzare con i suoi coetanei. Da adulta aveva strutturato una personalità confusa, e dal punto di vista sociale e sentimentale si concedeva a tutti.

Possiamo quindi dire che **nell'abuso di potere** il minore non è in grado di ribellarsi e di rifiutare perché l'esperienza è vissuta in **una totale solitudine.** "Sulla scena" **non esistono figure di riferimento a cui appoggiarsi.**

### Di chi è la colpa?

La situazione peggiora quando il genitore cerca di scagionarsi da ogni responsabilità, dando la "colpa" al minore; Sandra vive una situazione di molestia fino a quando nella prima adolescenza dice al padre: "*a me non va bene che tu mi faccia quelle cose*" ed il padre risponde: "*...come?! ...Pensavo che a te piacesse...*"

È Anche in questo caso si crea un corto circuito dal quale il bambino fatica ad uscire con i suoi soli mezzi. Il vissuto della vittima è: chi è la vittima? Chi è il carnefice? Sono una vittima, un carnefice o sono una complice? Senza contare i pensieri illusori sulle proprie possibilità d'intervento del tipo: "*...ma allora potevo dirlo prima, potevo fermare prima questa cosa che mi fa male...*"

Dal racconto di una cliente:
*Uno dei motivi per cui la colpa viene istintivamente riversata su noi stessi, risiede nel*

*fatto che quando rimaniamo soli, con i ricordi del momento in cui abbiamo sentito portarci via, all'improvviso il quadro di quanto successo ci è completo, per un attimo, un istante di totale oscena coscienza. Niente può farci accettare di avere lasciato che quella persona nel quadro abbia potuto subire una tale violenta privazione...*

*L'unica soluzione, pensiamo, è che noi l'abbiamo permesso, magari un attimo prima, o un mese prima, con uno sguardo, un gesto, che certamente è stato frainteso. Non avremmo mai potuto permetterlo, devono aver capito male, devono aver sbagliato ma siamo stati noi, prima di tutto, a non essere chiari.*

*C'è talmente tanta violenza dentro di noi che prenderci la colpa di una parte di questa ci fa sentire più sicuri perché, se veramente è stata colpa nostra, allora domani o tra un mese potremo evitarlo. Se è colpa nostra, allora abbiamo il potere di non farlo più succedere.*

*Abbiamo imparato* **che l'illusione** *di trovare amore è stata quella che ci ha condannato, forse adesso quest'altra illusione di una colpa tanto improbabile quanto convincente ci salverà.* (E così si illudono di poter superare e risolvere il problema...)

Queste convinzioni sono facilitate dalla mancanza di dignità ed orgoglio che riuscirebbero a segnare i confini tra i due "Essere".  Due aspetti della personalità che nel minore sono solo in via di strutturazione, senza contare che, tra l'altro, quel poco eventualmente costruito o anche già abbastanza strutturato nelle fasce di età più avanzata, è andato distrutto proprio con l'esperienza dell'essere abusato.

In conseguenza di quanto esposto: "questo mio tenermi separato dall'Altro da sé non succede ed io vittima scivolo nel mondo ambiguo dell'altro...", perché l'altro è Re dell'ambiguità e delle lusinghe, delle quali il bambino è assetato, a causa della mancanza di amor proprio; infatti, non è riuscito a costruirsi perché scarsamente nutrito di quel calore sano, di sicurezza, di disponibilità e di rispetto nei confronti del suo "Essere nel mondo..."

Al di là dei vuoti che il minore può avere e che ho appena descritto, è naturale che il bambino abbia bisogno di queste lusinghe, perché l'altro rimane sempre, al di là del bene e del male, il GENITORE.


Vi è un altro aspetto sconfortante: il problema della **COLLOCAZIONE** dell'esperienza sessuale, perché essa non appartiene alla sfera sessuale del minore, non essendo ancora sviluppata a livelli così complessi. E qui mi chiedo come abbia fatto Freud a pensare che seppure a

livello inconscio il bambino "dopo tutto" realizza il desiderio edipico...
(Zulueta)

In un processo lento e doloroso di riparazione, quando la persona abusata riesce a **riprendersi dentro** tutto questo, significa che ha raggiunto il "buco nero" che aveva dentro di sé. Il cliente si riconosce in ciò che è accaduto e riconosce che **è parte integrante** della sua vita e che non potrà mai cancellarla.

Per questo motivo le donne abusate si sentono diverse. E qui si presenta un grande ostacolo da superare, perché prima di arrivare ad accettare una simile realtà, c'è il rifiuto di *"sentirsi diversi"*: *...a scuola mi guardavo intorno e mi chiedevo se si vedeva quello che avevo o mi chiedevo come erano i papà delle altre bambine* (si tratta di scuola media) *...e mi sentivo qualcosa di diverso..."*

È non possiamo consolarla dicendole che non è vero, perché *lei è* un "essere" abusato. Questo è il dolore più grande, perché nel "diverso" ci stanno tutta una serie di altri vissuti: *"...adesso mi chiedo come sarebbe stata la mia sessualità di ragazzina, se questo non fosse successo..."* e via di seguito.

Lavorando su questi vissuti di paura, dolore, rabbia, colpa, pianti sconsolati, pianti dirompenti, pianti di rabbia anche contro il terapeuta, piano piano, emerge dalla sofferenza e dai lutti per le cose *"perdute"*, la *presa di coscienza* che esse sono state **vittime** di un tabù e della sua violenza. Questa presa di coscienza, può essere configurata come un *"collocarsi, un trovare un posto"* da qualche parte. È un duro e lentissimo lavoro di accompagnamento emotivo. Non vale il solo raccontare. Quando riescono ad accettare di sentirsi **vittima** "segnata dall'essere diversa", rinascono e si appropriano del senso di **innocenza** (processo paradossale in una metodologia fenomenologica e stando nello schema di riferimento del cliente). È la "diversa" che è sopravvissuta – è la "diversa" tradita – è la "diversa" che è stata laddove non osano neanche gli angeli...

Il vissuto di innocenza produce la sensazione di essere una persona speciale, perché è sopravvissuta, e che può andare fiera di esserci riuscita ad uscire dal buco nero "da sola". In tal modo riesce a riscattare le proprie esperienze, a ritrovare quel rispetto devastato e a questo punto è possibile risanare anche il Sé, con tutte le sue ferite che non sanguineranno più, ma che rimarranno come **cicatrici.**

È un'esperienza RISCATTATA.

Lungo tutto il percorso terapeutico, un "filo" che è sempre inesorabilmente presente, è il vissuto "**dell'essere stati soli**". È importante che il terapeuta non commetta l'errore di sostituirsi in un qualche modo ai genitori latitanti, cioè fare vedere (problema narcisistico) o produrre quel senso di protezione (coinvolgimento proiettivo) "sostitutivo" di *"quello che non c'è stato"*. Il cliente deve sentire che ci sei, ma come colui o colei che guarda con gli occhi "della realtà", che comprende, che accetta, che sa aspettare, che rispetta, che ha fiducia in quello che il cliente sta facendo. Che soffre "con" te, ma *non* "per" te.

## Il processo di sviluppo per capire alcune cose

Sappiamo che nel processo di sviluppo affettivo, i bambini si trovano in una fase di tipo **egocentrico.** Guardano il mondo da una prospettiva soggettiva e credono che gli altri vedano il mondo con i loro stessi occhi. Si sentono **onnipotenti,** ma anche colpevoli. Possono credere che tutto ciò che succede di negativo in famiglia possa essere colpa loro (anche in virtù di quella parte di **pensiero magico** che possiedono): "non ho fatto... non sono riuscito... avrei dovuto," e via di seguito.

Ci sono **valori esterni** che entrano a far parte della loro conoscenza, incominciando a popolare il loro mondo: "questo non si fa... questo è cattivo" e così via.

Il minore violato percepisce che qualcosa "non quadra", vede che è una cosa fatta di nascosto, avverte che c'è un pericolo; di cosa, non lo sa... Non essendo capace di separare sé stesso dall'altro, dice che è colpa sua; *non riesce a leggere la realtà ed estrapolare tutte le sfumature.* Non legge quindi una realtà che vuole che sia il suo tutore il colpevole ed il responsabile di certi comportamenti.

Quando sono più grandi, dicono che avrebbero potuto o dovuto essi stessi impedire che la cosa succedesse e qui stanno agendo quei processi di colpevolizzazione esposti precedentemente dalla cliente.

Non sono "calati" in quel senso di impotenza che ha a che fare con la morte (morte degli investimenti). Una di quelle tante sfumature di quella realtà che è necessario affrontare durante la psicoterapia. Sfortunatamente, come dicevo prima, non solo non si sono sentiti protetti, ma a volte i genitori vedono in loro i "provocatori". Questo succede sia da parte dell'abusante, sia da parte dell'altro genitore *"...sa dottoressa, delle volte ho l'impressione che sia mia figlia (non ancora 3 anni) che faccia la maliziosa..."* Non si era chiesta il perché di un comportamento così anomalo. La neuropsichiatra le disse che "erano le fantasie edipiche della bimba". In realtà c'era in atto una molestia...

A volte la molestia produce sensazioni gradevoli, aumentando così il senso di colpa e la CONFUSIONE, perché il bisogno normale di affetto che reclama la sua soddisfazione e la colpa per quella cosa che "non si fa", si **mescolano.**

Nell'adolescenza, dopo un periodo antecedente di molestia, è più facile che la vittima dica "basta", come detto prima, ma ormai il danno è già fatto.

Monica andava a casa dell'amica dopo scuola (elementari), poiché a casa sua non c'era nessuno, ma prima doveva passare dalle "mani" del papà dell'amica. Solo alle scuole superiori, fase della scoperta della "normalità" per il confronto con i coetanei, quando ci fu la spinta ad avere dei flirt con i coetanei, ha il coraggio di tagliare i rapporti con il papà dell'amica, ma si accorge che ormai non accetta il contatto fisico e nessun tipo di effusione. La reazione è di sgradevole fastidio, rifiutando di provare piacevoli sensazioni. Dice: *"Mi è rimasto addosso il fastidio che provavo con il papà di Laura..."*.

Nel percorso terapeutico emerge anche il senso di VERGOGNA. La persona deve essere capace di **rivivere o vivere** la vergogna, il senso di colpa. Solo così può accettare di entrare in contatto (dare accesso) con la parte molestata, dalla quale *si era separata* per poter vivere con sé stessa.

L'**"esperito" della molestia** viene escluso dal resto; invece occorre riappropriarsene, essendo anche questo tassello una **"parte di sé".**

I bambini a volte agiscono comportamenti particolari che stanno a segnalare un disagio che stanno vivendo. Dice Emanuele: *"...mi ricordo che all'epoca in cui mi stavano succedendo queste cose, mia sorella aveva incominciato a non volere andare a letto la sera e contemporaneamente veniva colta da attacchi di prurito violento alle gambe, per cui si grattava fino a sanguinare. La settimana scorsa le ho detto che vengo in terapia e le ho accennato dei miei problemi e le ho chiesto se per caso all'epoca dei suoi pruriti anche a lei stava succedendo qualcosa. Ha reagito urlando e piangendo, dicendo che non voleva ascoltare e di non dirle più niente; ho il sospetto che anche lei abbia subito la mia stessa sorte..."*.

Un altro passo importante in terapia è il processo di dolore per le PERDITE.

È l'elaborazione del dolore per le perdite di cui abbiamo parlato. Qui prende vita la sensazione di aver perso l'essenza dell'infanzia; di aver perso l'immagine del genitore e della sua *integrità;* l'idea che è perduta per sempre la fiducia, l'affidarsi a... *Questo non rimane un papà... è un papà che è stato un amante*. Certamente questi aspetti emergono alla fine quando molti aspetti della vicenda sono stati assimilati, elaborati e recuperati per affrontare altre variabili. La persona deve essere ormai "affrancata" nella propria "tendenza attualizzante" prima che possano emergere questi concetti "visualizzati" in questa prospettiva, che per quanto crudele sono **la realtà; le cose sono veramente andate così...** Però ci si può sempre riscattare... l'importante è *"stare nella realtà"... che non ha mai ucciso nessuno...* dico io ai miei clienti...

C'è anche il pianto della PERDITA. Di un'altra perdita. È il pianto della *perdita* delle **ILLUSIONI.** La resistenza ad entrare in questa parte del "buco nero" si manifesta con dolore e rabbi... e paura... del tipo "perché proprio io? ...perché a me?" La vittima deve fare i conti con questo aspetto **del limite delle "cose"** e **"dell'esistenza"** di cui facciamo parte.

Il concetto di LIMITE non può essere trattato in questo contesto (lo si può rintracciare nella prima parte del percorso terapeutico riportato nei capitoli precedenti), ma è un vissuto importante nel processo di ristrutturazione, per poter arrivare ad accettare la realtà e maturare il **"principio di realtà"** nella sua pienezza.

Anche qui, per effetto paradossale, il morire di fronte a questa realtà consente che il senso di sé disintegrato si integri e prenda forma. **È la realtà recuperata...**

Quando **accetto la realtà** e mi arrendo all'accanito rifiuto di essa, la parte ferita che avevo rifiutato, può essere ricollocata dentro di sé, **come cittadina di quel mondo.** Avviene uno spostamento da sensazioni di frantumazione fino a sentirsi più INTERI... si entra nella fase di CONVALESCENZA.

La difficoltà di riuscire ad accettare tale costrutto di un padre *amante* (è questo il "sentirsi diverse" di prima) è dovuta al fatto che nel suo processo di crescita anche il bambino introietta a livello di **"personalità di base"** il senso di tabù: da un lato c'è la parte violentata e tradita e dall'altra c'è il **" tabù"** che, in quanto "cittadino del mondo", prevale sulla parte molestata. Lavorando su questa parte ferita e rivivendola e poi accettandola, il senso del tabù pian piano perde parte della sua forza. La persona può quindi *riappropriarsi* della propria innocenza ed il **"cerchio" si chiude...** Si "incontra" un qualcosa... si entra in contatto con qualcosa di profondo che **"trascende"** l'io della materialità "dell'Essere". Si incontra l'**umanità** del proprio **ESISTERE.**

**...È nella finitudine dell'esser-ci che si consuma quel "sacrificio umano" che restituisce all'individuo quella sensazione di "spiritualità" che lo libera dalle "catene" dell'essere...** L'essere nel mondo, cioè, la mondanità dell'essere, e la spiritualità si mescolano.

Maslow parla di un aspetto "spirituale" quando nei gruppi d'incontro si raggiungono quelle profondità del sentire che creano una comunicazione tra le persone, di tipo spirituale.

È il momento in cui l'energia circola allo stesso ritmo per cui si "trascende" il proprio essere e si esperisce "l'umanità dell'esistere".

Alla luce di quanto esposto, possiamo ora comprendere un altro aspetto di questa dolorosa vicenda che è il TRADIMENTO.

La vittima vive il dramma dell'essere VIOLATA dal padre ("...*mi hanno spezzata*" dice Franca) ed a questo si aggiunge un vissuto di tabù dell'incesto introiettato a livello di personalità di base (come dice Kardiner), come esposto prima, e quindi la rabbia atroce di essere stata "fregata". Quando la vittima afferma, a giusta ragione, che è impossibile condividere con altri questi sentimenti, se non con chi ha subito la sua stessa sorte, essendo lei stessa anche "l'altra parte", cioè quella del "non capiscono", perché è di fatto un tabù ciò che è avvenuto, sente che *l'incomunicabilità di cui parla è anche sua*, in quanto origina da quel suo essere lei stessa "cittadina del mondo". L'urlo è: "lei non riuscirà mai a capirmi (E non c'è nulla da dire perché è vero...), ma anche lei non si capirà fino a che non avrà sciolto questa sua confusione. Solo attraverso *il recupero dell'innocenza* riesce a trovare una cittadinanza nel mondo **al pari degli altri...**

È un nucleo difficile da rivivere, ma conduce alla sensazione (a quella parte del buco nero) che la persona è "VITTIMA" e "CO-PROTAGONISTA", in quanto in quegli attimi, in quel **"qui ed ora" c'era LEI**. È un *esperito* della sua *storia*. È pur vero che lei è la vittima, ma prima "dell'essere vittima", c'è un "essere co-protagonista".

Quelle sensazioni, emozioni erotiche le ha vissute/esperite lei... suo malgrado... gradevoli o sgradevoli che fossero. Il nucleo a cui deve tornare anche il minore nella sua terapia e che può sembrare una condanna, ma è *"cruda realtà"*; è che "C'ERA"... IO SONO STATA IN UN POSTO DOVE NON OSANO NEMMENO GLI ANGELI... Ecco dove si colloca questo costrutto!!!

La protagonista è LA PREDA. *Preda e non "complice"* come vuole la teoria freudiana (Zulueta). Nella terapia non emerge la "paura inconscia della punizione freudiana", ma il dolore del tradimento e la paura nel trovarsi soli in balia dell'altro e delle *sue intenzioni,* e la sensazione paralizzante di essere spogliati di ogni forma di rispetto…

Il *senso di colpa* non è nei confronti della madre nemica da contendere al padre, ma a *copertura del rifiuto della propria impotenza,* dell'impossibilità di controllare la situazione, di dover riconoscere di **avere perso la partita** e quindi di **accettazione della realtà.**

**Una realtà diversa da quella freudiana.**

Essere preda *incide* sul senso dell'**Esistere** di base, annichilendo la persona nel profondo della sua esistenza.

Essere vittima *definisce* e descrive il senso del *proprio* **Essere,** il senso di "chi si è nel mondo" (quindi qui *c'è anche l'altro da sè*). Per arrivare alla **paura,** vissuto originario autentico del *fenomeno traumatico* bisogna scendere fino all'esperienza esistenziale di annichilimento, laddove **è successo qualcosa** di pericoloso.

Nella terapia con i minori la metafora della "preda" sarebbe importante da giocare e portare all'estremo "dell'ESSERE SCONFITTI". Anche i bambini debbono essere aiutati ad accettare questa realtà:

Luca: "*…il principe combatteva con la spada, lui è un eroe!*" Terapeuta: "*però alla fine è stato sconfitto…*" Luca: "*NOOOOO!!!*" Terapeuta: "*sì… anche i principi/eroi possono essere sconfitti, ma rimangono sempre eroi…*" Luca: "*…ci penserò…*" (il bimbo era seguito in terapia da alcuni anni).

La protagonista è stata protagonista lei stessa in quella parte, pur essendo nel contempo vittima (nel senso di subire). Il vissuto di "vittima" è già qualcosa "dopo". Occorre spogliarsi anche di quella pelle. Spesso si sente dire "*volevo strapparmi la pelle*"…

È qui che l'ESSERE è agito nell'essenza dell'**esserci.** Nel senso del pilastro di cui si parlava all'inizio. Questo esperito viene prima; è un "prima" dell'essere vittima. Si noti bene che non occorre che la cliente racconti "cosa e come". Infatti la verbalizzazione porta dentro di sé una sensazione del come se vivessero un *"non c'ero";* di come la cosa fosse successa alla parte "vittima" di sé… che è un'altra cosa… Come se lei e la vittima fossero due persone diverse mentre le due parti "debbono" integrarsi per riparare il danno. Invece la psiche si è ritirata e ha lasciato il corpo in balìa "dell'esistere" *deprivato* "dell'esperito": "io non ci sono", ma il corpo trattiene i "segni e segnali" del **vissuto bloccato,** in un sentimento di *devastazione.* **Le parti possono scindersi, ma "l'esperito" non si cancella.**

Deve riuscire a dirsi che **questa è la verità** e non un'altra e che quelle cose "le ho sentite **IO**" e che non esistono i se... se... se.... Anche qui le difese sono forti: in questo frangente, il rifiuto di accettare questa parte del buco nero, fa uscire molto il rovello verbalizzato: "ma se... se non avessi... se avessi..." Tutto per vedere come avrebbe potuto fare *perché non succedesse...* Se questa **difesa** non viene sciolta, costringe alla reiterazione.

Quando riesce a dirsi e a "vivere" il fatto che "**è andata così**", che è lei che ha "**perso la partita**", che lei è anche "**protagonista**", che è una realtà immutabile, che lì c'era lei, lei con tutto il bagaglio del proprio **ESPERITO**, a questo punto anche l'essere vittima scompare e "tu sei lì nella NUDITÀ del tuo **ESSERCI**. *Perché questo è il punto da cui nasce il tutto.*

La persona arriva a sentirsi più leggera, come se venisse tolto un peso... Il peso dell'**esperito negato**.

In tutto questo processo avviene una cosa e il suo contrario.

Non esistono più i "se...", i "ma...", i "forse...", la "colpa", ecc. C'è la traumatica *"sessualizzazione"* **dell'esperito** e nel contempo la realizzazione di una sensazione nuova che è: **L'ESPERIENZA.** Prima non c'era ed ora finalmente ricompare.

Come ho già precisato, non esiste un percorso "standard" in questo processo di risarcimento. Occorre conoscere i vari aspetti "dell'essere", coinvolti nella vicenda e saperli inserire nel momento emotivamente appropriato.

Posso affermare che nello strato più profondo di questo buco nero c'è la **mortificazione** che viene spesso confusa con il senso di vergogna che è un modo di essere nei confronti dell'altro. La mortificazione invece, è un vissuto nei confronti di sé stesso.

Solo quando si riesce a rivivere la sensazione di mortificazione del proprio essere, prodotta dall'essere stati calpestati, non rispettati, espropriati della propria inviolabile dignità, si manifesta la reazione di **"dignità ferita"** e quindi la ripresa di un proprio potere personale.

Ma il sentimento di dignità, che è il "motore" di avvio di qualsiasi aspetto del potere personale, si può ritrovare solo quando sono stati elaborati i *lutti* per il "subito" e si accettano le *perdite* per ciò che se ne è andato.

La vittima soffre anche per l'impunità del carnefice. Il minore o l'adulto sente la frustrazione per il fatto che non è stato risarcito con la punizione del colpevole. Ma quando arriva a perdonare sé stesso ed integrare le parti del sé, questo bisogno si attenua molto. In alcuni casi quando si "trascende" la modalità dell'essere, si fa strada il sentimento della "compassione", per cui non occorre più perdonare, perché: **È**.

Quando il trauma si è manifestato in anni in cui la verbalizzazione era poco sviluppata, è difficile "rivisitare" quei periodi: rimangono a volte "monconi" di segnali che non hanno una loro storia e sensazioni di cui non si conosce la provenienza, come ad esempio la signora che ha l'istinto di afferrare il pene del padre quando sono in macchina da soli, ma che ha solo frammenti di ricordi: *"Ricordo quando salivo le scale in un posto che non ricordo, ma era quando andavo in vacanza da sola con papà. Ho ogni tanto una sensazione di un sapore amaro tipo sperma. Ricordo i pomeriggi quando andavo a letto con lui…"*

Adesso ha rapporti sessuali difficili con il marito *"…è uno sforzo terribile lasciarmi toccare, ma lo faccio perché so che non posso rifiutarmi…"*.

## Da una seduta

Un ragazzo residente in un centro di recupero si toglie la vita impiccandosi. L'operatrice è sconvolta: *"per il colpo, l'ennesimo che ha inflitto al suo corpo"*, dice lei. Dal dialogo emerge che ciò che continua a tormentare la sua mente, non è il fatto che si sia tolto la vita. La morte non c'entrava, era la "violenza" fatta al suo corpo: *"si era già violentato quando si bucava; per la non considerazione che aveva del proprio corpo"*, dice lei. *"Il corpo non aveva più un suo protettore"*, rimando io. *"Sì"* risponde lei. Io proseguo: *"…questo succede anche nei casi di violenza sessuale…* (un mio innesto) *…tu fai pure, dice la vittima al suo carnefice, io non ci sono…"* .La cliente prosegue il mio innesto… *"e lasci il corpo a vivere l'esperienza da solo…"*. Proseguo a mia volta… *"la prima violenza l'ha subita dal suo carnefice ,ma anche da quella sua parte che dice: "**io non ci sono**…"* Risponde lei: *"…io ho fatto così con me stessa…"* (L'operatrice era stata molestata da bimba.) Prosegue: *"…In quel momento è come essere sul Himalaya: sei sola…"* Non lascio cadere l'emozione; le configuro la scena e dico: *"c'è l'assenza di qualcuno e nessuno ti può sentire… e tu non hai le risorse per fare qualcosa…"* Lei continua: *"…e nasce un terrore mortale…"*. Qui è chiaro come nell'esperienza di paura venga meno la padronanza di sé stessi.

Decisi di tentare l'innesto perché ero colpita dal fatto che continuava a riportarsi, con un vissuto di paura, angoscia e rabbia, sulla "violenza" che il ragazzo aveva inflitto al suo corpo; un fatto estremamente secondario rispetto alla morte. Le feci notare questo aspetto, cioè le dissi che ero colpita dal suo ritornare su quegli aspetti. Ne prese atto, ma certamente non era in grado di nessun tipo di presa di coscienza.

Una volta tentato l'innesto non avrei mai messo di mia iniziativa questo "*suo pezzo di storia*" che lei stessa ha richiamato alla mente.

## Il carnefice… Ovvero la paura mascherata

Queste sono alcune considerazioni ed osservazioni teoriche che hanno bisogno di ulteriori indagini. Sono comunque letture che divergono dalle teorie che affondano le loro radici nella teoria freudiana e nella filosofia positivistica.

Una mamma carnefice:

Una bambina toccava un neonato in carrozzella. La madre della bimba dice "*Non si toccano i bambini…*" La bimba continua… "*Guarda che ti picchio…*" La bimba ritrae la manina, ma poi piano piano la riporta sul bimbo… e lì incomincia la lotta tra madre e figlia.

Nessuno dei presenti interviene. Ci sono altre mamme presenti compresa la **madre del neonato** (Una donna in psicoterapia). "*Se lo fai ancora ti tiro giù le mutandine e ti sculaccio…*" La bimba allunga la mano e la donna l'afferra. Sta per tirare giù le mutandine e "finalmente" (dico io) la bimba "reagisce" e urla "*…mamma non farlo…*" e si aggrappa alle gambe della madre.

Nessuno è intervenuto perché suppongo che gli adulti erano alleati con la madre della bambina "dispettosa" e "prepotente". I bimbi sono a volte "visti" o "vissuti" come coloro che vogliono dominarti – sopraffare il tuo potere… invece stanno **esorcizzando la paura e l'impotenza** esperite e subite dalla paura irrazionale ed errata dell'adulto e che si esprime attraverso la violenza (Infatti temo che questa fosse una madre maltrattante).

La madre del neonato poteva intervenire, ad esempio, allontanandosi con la carrozzella… Ma… era una madre **abusante…**

Carla, la madre del neonato, dirà poi che anche lei era *contro la bambina*.

Carla: *Provavo rabbia e aspettavo il momento in cui sarebbero piovute le botte per godere della scena.*

**È l'adulta** che "guarda" la scena… e prova rabbia e piacere. Tento di far vivere le due parti:

Terapeuta: "*dove era **la bimba** dentro di te in quel momento?*"

Passano alcuni minuti… Silenzio…

Carla: "*era ferma, immobile, che aspettava il momento in cui sarebbero arrivate le botte…*".

Terapeuta: "*c'era solo il corpo della bimba che sarebbe stata picchiata; in quel momento lei Carla, l'adulta, aveva deciso di non esserci…*"

Scoppia in un pianto disperato, si getta ai miei piedi e appoggia il capo sulle mie ginocchia.

Poi dice: "*Piango per quella bimba che in quel momento era diventata solo botte…*"

La seduta successiva riporta quanto segue (Una parte di questi contenuti era già emersa in precedenza ma non in modo così chiaro):

Carla: "*Quando io e mio fratello sentivamo sbattere le pentole, incominciava a montare la **paura**, non sapendo cosa stesse succedendo, perché stavamo giocando. Non sapevamo come sarebbe andata a finire…*".

Passano minuti di silenzio…

Carla: "*Poi arrivavano le botte…*".

Terapeuta: "*Aveva paura?*"

Carla: "*quando arrivavano le botte la paura non c'era. C'era solo il corpo e io **diventavo** le botte… Arrivava poi un senso di piacere perché sentivo la violenza di lei (della madre) che mi arrivava dentro (Passava attraverso le difese dell'io impotente).*

Terapeuta: "*…prigioniera della sua furia che non molla… e sei senza protettori*".

Carla: "*e sentivo il piacere che mia madre aveva nel sentirsi così libera di darmele*".

Qui si avvicendano le due parti: vittima/carnefice.

Molto probabilmente è qui in questo spazio lasciato libero dal ritiro psichico che la "bestia" o il "mostro" (l'aggressività dell'altro) si insedia nella vittima e si ripropone in momenti particolari.

Un freudiano direbbe che "facendosi picchiare" si sta liberando dai sensi di colpa nei confronti della madre… E così Freud salva gli adulti.


Io cerco di ripristinare la realtà di quel "qui ed ora" e lo faccio quando sento che mi sono "agganciata" all'altro e l'altro è disponibile ad andare più a fondo.

Terapeuta: "*In quel momento era prigioniera dell'altro…*".

Carla: "*…Sì …ero lì sola… dovevo solo stare ferma… non muovermi…*".

Percepisco il suo essere *senza via d'uscita* (quando il pericolo è estremo), un animale *braccato*. Potevo farle questo rimando. Potevo anche chiedere cosa stava provando, perché vedevo e sentivo la sofferenza e la paura.

Decido di inserire l'innesto che racchiude tutto questo, e si noti che mi rivolgo a lei usando il pronome "tu".

Terapeuta: *"Eri in un posto dove non potevano arrivare nemmeno gli angeli…"*.

Carla: *"Sì… avevo paura perché non sapevo fin dove lei sarebbe arrivata a picchiarmi…"*.

…E si lascia andare ad un pianto sconsolato da bimba. Qui ha contattato una parte preziosa di sé.

Questa persona, da piccola prima, e da adulta poi, provava piacere erotico quando si trovava da sola con un neonato lasciato "incustodito" dall'adulto. Carla: *"con un sorriso… un ghigno… pensavo: "adesso io faccio quello che voglio, sono libera di fare quello che voglio, lui è solo* (il neonato) *senza protezione…"* E si masturbava o molestava sessualmente il piccolo. Da adulta dice: *"il piacere che derivava dal fatto che non c'era nessuno e che il bambino non avrebbe mai potuto raccontarlo, era fortissimo…"* Le stesse sensazioni le prova a volte nei confronti del figlio.

Ora, quando il figlio insiste nel volere una cosa, e in precedenza, quando da neonato, aveva fame, in lei scatta il meccanismo (che altri adulti raccontano) dello **"strapotere"** dell'altro e si abbatte su di lui come una furia.

Solo quando ha potuto identificarsi, ritrovando prima una parte di sé, e cioè: *la parte che lei stessa aveva abbandonato,* l'impotenza, il senso di solitudine, il pericolo, la propria antica paura e la paura del figlio che la vuole "dominare", ha capito il danno che stava riproducendo.

Nel suo complesso Carla è una madre amorevole ed attenta…

Questo starebbe ad indicare che la perversione mette in atto processi di regressione.

Secondo il mio parere, alla base di entrambi i comportamenti (quello sessuale e quello della violenza fisica) c'è il terrore che si trasforma in eros o violenza.

Una paura di colui che è annichilito, prigioniero dell'Altro da sé, userei il termine "torturato", sguarnito, senza protezione… E con un senso di pericolo. *"Ci dovevano essere i genitori",* dice una giovane abusata da un amico di famiglia.

In quei momenti *la psiche si ritira e lascia il corpo in balìa di un "esistere"* **deprivato "dell'esperito".** Ma il corpo trattiene i segni/segnali del vissuto bloccato in un sentimento di devastazione. *"La violenza riesce a minare e* *modificare la struttura dell'esistere"*, dice una cliente… *"è per questo che ci si chiede:* *"che diritto ho io di esistere"…*

È quindi la **PAURA** che fa uccidere.

Dice una cliente fisicamente abusante: *"Quando mia figlia piange o si lamenta senza motivo, mi chiedo "Oh Dio!!! …cosa vuole?? …non capisco… e se sbaglio? …come faccio?!" …lei piange e non capisco… E monta la paura ed il terrore, il panico… mi sento soffocare… e ho una rabbia feroce perché lei mi sta chiedendo delle cose".*

Faccio un rimando: *"Non hai strumenti… non li trovi…".*

Cliente: *"Sì… e adesso cosa faccio… sento che si fa il vuoto"* (si interrompe).

Sento la sua paura vedo la violenza nei suoi occhi.

Faccio un rimando empatico: *"Sento che c'è paura…".*

Cliente: *"Sì… monta il terrore… il panico…".*

Il tutto è raccontato con molta fatica, senso di colpa, ma sento il coraggio che questa persona ha nel sondare nel suo profondo quanto più le è possibile.

Io aggiungo: *"…la paura raggiunge un senso di morte…".*

Cliente: *"…capisco perché una mamma può uccidere… perché per far smettere la mia paura, debbo eliminare la cosa che me la sta producendo. Il bambino diventa il mio mostro"* (Una madre fisicamente abusante, ma anche una mamma attenta ed amorevole).

A mio parere, non siamo di fronte al meccanismo di difesa dell'identificazione con l'aggressore, ma ad una dissociazione causata dalla "rottura" dei processi difensivi e quindi da una "sopraffazione" dell'identità dell'altro da sé.

In altri termini, siamo di fronte ad un'identità che, per salvarsi da una realtà ingestibile, "disperde il proprio sé", anziché trovare un meccanismo difensivo che protegga l'io. Nell'identificazione con l'aggressore, la propria identità si conserva comunque, mentre nei casi di perversione "si perde": "…mi sento un mostro… ma in quel momento non sono io".

## Un padre

*"Quando mia figlia piange divento violento, mi monta una rabbia feroce che cerco di controllare, ma mi arrabbio…"* Dal colloquio emerge che quando la bimba piange, non capisce di cosa possa avere bisogno – si spaventa perché non si sente all'altezza della situazione – teme di non avere gli strumenti… e diventa violento…

Perché la paura prenda la strada della perversione erotica o violenza fisica, può dipendere dal fatto che nel primo caso il bambino è vissuto come: solo, fragile, in balìa di una realtà ingestibile, destabilizzante e quindi in pericolo. Il senso di morte condurrebbe all'eros.

Questo lo ritroviamo nella sessualità perversa, dove l'eccitazione viene prodotta attraverso comportamenti pericolosi: mani o lacci attorno al collo – ferite al corpo, ecc.

Si ritrova nei racconti di episodi di guerra: persone mai conosciute che si incontrano in situazioni di **pericolo estremo** e hanno rapporti sessuali.

Nel secondo caso, molto probabilmente ad agire come "minacciosa" è la sfera del POTERE della vittima: *"mi sfida… mi vuole dominare… vuole delle cose da me…"*

Nel primo caso la percezione dominante è: fragile e solo. Nel secondo: forte e richiedente.

Molto probabilmente, la paura ed il dolore del carnefice sono rivissuti nel momento in cui compie l'abuso: *i due dolori e le due paure si incontrano?!* Perché subito dopo c'è una forte caduta depressiva.

In una fase successiva incolpa il bambino, perché deve conservare la propria "antica" colpa (quella del bambino dentro di sé), e dichiarare innocente la parte adulta… Questo perché non ha mai accettato *"l'antica realtà"*; le due parti sono rimaste divise…

A mio parere è la **paura collocata nella struttura dell'Esistere**, che fa percepire il senso di incapacità, di mancanza di strumenti, di non padronanza di sé come impotenza, che impedisce alla parte cognitiva di conservare il senso critico, la lucidità e quindi un senso di sicurezza. Da qui: l'altra paura, quella verso ciò che è esterno a sé, il panico, il terrore *producono comportamenti anomali dell'Essere.*

Come ho già esposto, la vita dell'individuo che è stato abusato fisicamente o psicologicamente nell' infanzia, è segnata da una serie di ferite. L'abuso, anche quello fisico, è una situazione impensabile/imprevista poiché si manifesta il più delle volte "senza una giusta causa", per cui molte parti dell'essere si destabilizzano. Nel carnefice la violenza è più volte nascosta tra le pieghe del perbenismo. Ecco un esempio tratto da una seduta.

La madre sta uscendo di casa con la figlia e il marito, poi i due adulti si separeranno, la figlia piange, vuole andare all'asilo con la mamma e non con il padre come stabilito.

La madre invece si allontana e dice tra sé "la odio, la odio… mi sento soffocare dalle sue richieste… che dicono "io voglio te. Ci devi essere solo tu. Io sento la sua "prepotenza" e mi viene voglia di strangolarla."

La creatura inerme non era percepita dalla madre come "implorante", ma come una che "voleva comandarla".


Vorrei concludere con questa mia considerazione personale che estrapolo da una lettura fenomenica, ma che certamente richiede ulteriore indagine.

Nel mondo "interiore" del carnefice, la perversione non si gioca sul Potere, ma sulla "Sconfitta". È la sua **negazione**, "nella strutturazione dell'Essere nella perversione" prima, ed **il rifiuto** dell'Essere sconfitti nel suo scatenarsi poi.

È una ossessiva esorcizzazione del vissuto di essere stati sconfitti… di avere perso la partita.

**Materiale consegnato da una cliente:**

"Rimango turbata dal servizio televisivo visto la sera prima sul delitto di X. Una madre che uccide il figlio minore, perché piange. Mi colpiscono l'efferatezza e l'improvvisa, imprevedibile esplosione di folle odio.

Arrivo alla seduta chiusa, abbottonata, bloccata, confusa. Maddalena mi dice che è la *"mia bambina-vittima"* Ester che ha visto quel servizio alla tv, che è rimasta turbata e che ora è bloccata dalla paura… (Maddalena lo dedusse dopo mezz'ora di seduta). E subito mi torna alla mente la faccia di mia madre esplosa nella rabbia e nella violenza, con la bocca spalancata nell'urlo, la schiuma che trabocca e gli occhi divergenti, che ad un millimetro dalla mia faccia guardano il nulla.

Non era solo la violenza a farmi paura ma anche la sua follia. Era una paura che andava oltre quello stato di allerta/tensione in cui rimani per l'imprevedibilità della sua prossima mossa. Era il terrore e il disorientamento di fronte a quei suoi occhi scollegati dal mondo, ciechi e accecati; che non mi vedevano, completamente rivolti dentro la dimensione della sua follia, totalmente trasfiguranti la faccia di una mamma che non riconoscevo più, neanche come carnefice cosciente di esserlo.

L'impressione che oggi mi fa guardare il viso della mamma di X mentre risponde tranquilla e normale alle domande del giornalista è l'orrore di sapere che lei possa aver conosciuto, anche solo per pochi minuti, il mostro violento che si nasconde dietro la normalità e che dopo essersi manifestato torna a nascondersi silenzioso senza che nessuno, tranne "tu vittima", si sia accorto di niente e senza che nessuno, tanto meno lei stessa, riesca neanche a credere della sua esistenza.

E qui le cose che mi toccano sono due: l'impensabilità, il doloroso rifiuto per me come madre di poter essere anche mostro per i miei figli; e il deserto di solitudine in cui io bambina-vittima sono stata lasciata a morire di paura.

Nella seduta successiva ho fatto uno sforzo incredibile per ricordarmi perché la settimana scorsa me ne ero andata piangendo.

Nelle ultime settimane, mi sono accorta che, durante e dopo le sedute, mi rimane molta confusione su ciò che emerge, tanto da non ricordare più dei pezzi interi.

Questo disorientamento dipende dal fatto che in questa fase del processo terapeutico sono arrivata a raccontarmi a più voci, due per l'esattezza: quella della bambina-vittima (vedi il terrore di cui sopra) e quella dell'adulta carnefice (vedi il senso di colpa verso i miei figli). E non essendo queste due parti ancora arrivate ad integrarsi, ma solo a coesistere in una nuova consapevolezza acquisita, io per poter dar loro parola devo per forza stare dentro lo sdoppiamento. È questo sdoppiamento che mi disorienta.

I vissuti di una terza parte, quella dell'Ester adulta-vittima-carnefice, invece non sono ancora pronta a vederli, per cui questa voce ancora non si fa sentire... avrà ancora bisogno di negarsi."


Ho iniziato questo libro/lavoro con una lettera e lo termino con un'altra lettera. Questa volta è mia. Una mia lettera che ho scritto, e ovviamente mai spedito, ad un mio giovane cliente con personalità distruttiva.


*Mio caro amico spaventato,*

*la tua distanza, quella che tu metti tra me e te, la conosco da quando sei entrato la prima volta. E ho cercato di rispettarla in ogni momento, eccetto quando debbo cogliere quell'attimo per lanciarti, rischiando, un "sasso nello stagno" perché tu possa vedere, per un attimo, quello che sta appena sotto la superficie, sperando non ti faccia male più di tanto.*

*Quando ho incominciato a lavorare, a fare un lavoro che mi è stato suggerito da un rettore universitario, non immaginavo le entità di dolore che avrei dovuto "accogliere", più che ascoltare e forse è grazie alla "disponibilità" che si è sviluppata senz'altro dai dolori che io pure ho patito, ad aiutarmi. Ma non ti preoccupare… anche se lo sento e lo accolgo, non mi travolge, perché gli anni di terapia che ho fatto su di me, hanno rimarginato le mie ferite, per cui non ne sono travolta. Ti confesso, per onestà intellettuale, che a volte, alcuni dolori mi fanno avere voglia di trovare, la sera, delle braccia che mi avvolgano per aiutarmi a smaltire il "mio" dispiacere nel vedere tanta sofferenza nell'altro… come vedi non sono super-woman! Tutto questo mi permette di non stare lontana dal dolore dell'altro; perché sono in grado di tenerlo separato. Certo, mi dispiace e mi sento impotente nello "stare" con il dolore che l'altro sta soffrendo e portando; in un "arrancare" a volte pesante per le sue spalle… ma deve andare così.*

*Grazie per il complimento dell'esserti piaciuta subito… pur anche con la paura di cui parli. Quando entrasti, capii che eri un "adorabile" scontroso, cioè scontroso sì, ma sotto la scorza c'è un ragazzo dolce, solo, bisognoso di calore e amore… purtroppo un tipo di calore e amore che neppure io ti posso dare. Puoi percepire, come dici tu, di cosa si tratta, ma io, e nessun altro, siamo la tua mamma o papà, gli unici che potevano darti quello che cerchi.*

*Sì lo so, il mio silenzio uccide, ma so anche, per esperienza, che col tempo, fa sentire di essere liberi di stare e fare quello che ti pare… ed è lì che arriva quell'amore che aiuta a sanare le ferite. Aiuta solamente, perché il lavoro lo devi fare tu. Ed è l'esperienza di questo silenzio che fa sentire che non ti tradirò mai. E tu sei libero di tenermi sott'occhio, sotto controllo; non mi turba e non debbo, come dici tu, nascondere niente.*

*Non lo so se sono impenetrabile… certo, lo sono in quei momenti in cui sono molto tesa nell'ascoltare ed afferrare quei punti o momenti in cui i rimandi sono preziosi o anche rischiosi. A volte occorre "cogliere" l'attimo. Sì, è vero, e te lo scrivo con un sorriso: io personalmente sparisco ma i miei occhi rimangono… e lì trovi tutto ciò di cui hai bisogno. E quando senti che non ci sono più, abbi o trova il coraggio di alzare lo sguardo e di guardarmi negli occhi… lì non c'è il vuoto e lì non ti perderai… Lì non c'è il vuoto che trovi in tua mamma.*

*Sì mio dolce amico, anche qui hai ragione: il vuoto grida… le grida vuote del vuoto. Un vuoto che vuole essere riempito. Ma il vuoto si riempie solo con il proprio vuoto.*

*Ti stringo con affetto*

# Presentazione alla conferenza di San Diego 2019

Parte 1: La terapia

Parte 2: Spritualismo nella terapia rogersiana

Terapia Centrata sulla Persona – Percorso terapeutico - Ricerca sul significato di Amore e Identità Trascendentale.

ABSTRACT. L'umano viene al mondo dotato di proprie innate potenzialità e singolarità. È un atomo/seme che darebbe vita ad una personalità in armonia con se stesso e l'ambiente, se non ci fosse una distorsione della sua Tendenza Attualizzante.

Questi aspetti vengono revisionati attraverso una interpretazione fenomenologica e confrontati con le nuove frontiere nel mondo scientifico della scienza.

QUESTA MIA PRESENTAZIONE VUOLE ESSERE UN OMAGGIO A CARL ROGERS CHE MOLTI ANNI ADDIETRO, CON L'ULMILTA' E L'UMANITA' CHE LO DISTINSE, GETTO' I SEMI CHE **ORA STANNO DANDO I SUOI FRUTTI**.

Durante questi anni di esperienza terapeutica "centrata sulla persona" che si basa sul mondo esperienziale del cliente e neuroscienze che stavano avanzando in conoscenze attraverso nuove scoperte.

Questo mi ha dato l'opportunità di spostarmi oltre la fenomenologia e raggiungere la "valle" della fisica quantistica. Qui ho potuto correlare i miei studi nel campo fenomenico con LA FISICA QUANTISTICA e che ho spiegato chiaramente nel mio libro "Corto-circuito e Tradimento nell' abuso sessuale nell'Infanzia.

I miei studi sono in grado di dimostrare che l'approccio non -direttivo è in linea con la "psicologia moderna" da una parte e con la filosofia classica indiana dall'altra, la quale risale a secoli prima di Cristo.

Debbo molto a neuroscienze ed in particolare a Stephen Porges che ho incontrato a Milano, per aver scoperto il "ruolo" delle emozioni e dei sentimenti nei nostri comportamenti. Aspetti già trattati da Rogers molti anni fa ma mai presi in considerazione da altre scuole di pensiero. Ma ciò non basta. Come sostiene Ervin Lazlo (2014) **"esiste"** una sottesa eterna non-localizzabile **"natura"** degli eventi. Trasferito alla psicologia, significa che esiste una "sottesa storia soggettiva" di ogni atto o azione esistenziale.

PER QUANTO IO SAPPIA, AL MOMENTO, SOLO LA TERAPIA CENTRATA SULLA PERSONA È IN GRADO DI RAGGIUNGERE QUESTE PROFONDITA', PERCHE' IL BINARIO CHE ARRIVA IN QUELLE ZONE È **LA SOGGETTIVITA' DEL CLIENTE**, LA STRETTA EMPATIA DEL TERAPEUTA CON IL CLIENTE E CON LE SUE CONGRUENZE ED INCONGRUENZE. IN ALTRI TERMINI, IN STRETTA RELAZIONE CON LO **"SCHEMA DI RIFERIMENTO DEL CLIENTE"**.

Perché sono così sicura che Carl Rogers è un precursore della "moderna psicologia"?

Rogers iniziò la sua carriera e psicoanalisi personale, in sintonia con quei tempi, ma molto presto si è spostato verso un approccio non-direttivo. Quelli erano gli anni della filosofia positivistica che dava origine alla teoretica della "psicologia strutturale" e ad uno schema di riferimento teoretico. Più tardi il positivismo si evolve verso la psicologia esistenziale, focalizzandosi sulla esperienza soggettiva, sulle sensazioni, sulle emozioni profonde e attualmente si sta evolvendo verso una sensazione ad ampio raggio di "compassione e amore cosmico". Un campo che sta diventando di interesse anche alla fisica.

Comprendo e sento il rifiuto da parte di psicoanalisti e comportamentisti arroccati nei loro principi cardinali. Penso che dovrebbero tentare di smantellare le loro linee di pensiero, ma questo è una evoluzione che potrebbe essere una rivoluzione!

I fisici che hanno a che fare con la "materia" e con elementi dell'universo, hanno raggiunto questo gradino prima di noi. Sostengono che esiste una rete di **"perfetta armonia e rispetto"** che abbraccia l'intero universo. Comunque, ciò è comprensibile. Essi lavorano con "elementi dell'universo" di cui noi siamo "un granello di sabbia".

Ciò nonostante gli psicologi possono muoversi parallelamente con loro se dotati di **"Amore Cosmico"** e di **"Rispetto"**, essendo, l'energia cosmica, un intreccio (entanglement) di armonia e rispetto e noi siamo parte di tale energia. In quanto ad amore e rispetto, mi ricordo sempre del **"buco nero"** NELL'UNIVERSO, che è un'ICONA di RIGUARDO E RISPETTO nel *mondo fisico* e la **"Terapia Centrata sulla Persona"** che è un'ICONA di RIGUARDO E RISPETTO nel *mondo della psicologia.*

L'approccio centrato sulla persona, un processo che si muove in acque tormentate, a volte immergendosi nel mondo dei "buchi neri dei clienti", può scendere giù alle radici della tendenza attualizzante che ha subito distorsioni e, allo stesso tempo salire alle vette della **compassione e dell'amore cosmico.** Il mio libro sull'abuso sessuale spiega chiaramente il processo.

L'approccio centrato sulla persona, è un processo che lavora con l'esperienza del cliente nel **"qui ed ora"** e allo stesso tempo con la **"storia del passato"** portando un cambiamento nel mondo della persona e nei suoi modelli di comportamento, perché scende ad individuare la fonte dei problemi laddove albergano le paure primarie ed i comportamenti disfunzionali del bambino interiore.

Neuroscienze sostiene che esercizi specifici sono in grado di sciogliere il trauma, ma solo una psicoterapia è in grado di chiudere/curare le ferite che stanno alla radice.


Molti anni orsono, Carl Rogers, sebbene ignaro, stava cercando di dimostrare che la terapia non- direttiva è un processo quantico. Ma la fisica, la psicologia la fisiologia e la biologia, a quell'epoca lavoravano separatamente e Rogers non sapeva che era un precursore della "psicologia moderna".

Ora è giunto il momento di compiere un salto e di viaggiare con la Fisica Quantistica.

Dove siamo noi in parallelo con la fisica? Qui ci sono alcuni principi:

** Terapia: Io sono il terapeuta e allo stesso tempo sono il cliente. Empatia.

** Fisica: Una particella subatomica può essere **qua e** allo stesso tempo **là.** Non localizzabile: Non-Locality.

** Terapia: Il processo consiste nel lavorare in superficie (presente) e allo stesso tempo camminare lungo una sottesa esperienza del passato.

** Fisica: Una singola parte può influire sul tutto, ma il tutto può influire sul mondo sottostante: Campo di Akasha.

** Terapia: L'Approccio conduce verso *l'oceano della vita* e allo stesso tempo si sposta indietro alla *fonte della vita.* I due estremi si incontrano.

** Fisica: Dalle profondità del *mondo subatomico* alle vette *dell'Amore Cosmico.*

** Terapia: La nostra psicoterapia scende nelle profondità del "mondo fenomenico" del cliente e a queste profondità incontra l'inizio abbracciando "il Tutto dell'Essere".

** Fisica: L'Onda Gravitazionale.

COSA ACCADE NEL NOSTRO PROCESSO?

All'inizio il processo si sviluppa principalmente a livelli più alti. I problemi alla superficie si esprimono nel mondo dell'"Io-Tu" (Io-Loro"). Emozioni e sentimenti sono principalmente di tipo "reattivo". Più tardi, livello dopo livello, il processo si sposta più in profondità, nel *mondo fenomenico primario* dove dolore, ferite, tradimenti, perdite, dispiaceri, paure, bisogni non soddisfatti diventano più chiari ed esperiti "coscientemente". Si passa dal cognitivo-intellettuale-razionale alla "presa di coscienza" Oltre al conoscere-sapere vale il "sentire". Siamo nel reame dell'**"Io-Me"**. La "cura" è in essere. QUI LE FERITE SANGUINANO.

Ad un livello ancora più profondo dove stanno le radici dell'"Albero della Vita" c'è un mondo di silenzio, buio, angoscia amarezza. A volte c'è una solida caparbietà: è il soldato che sosta alla porta della caverna! La persona (cliente) non è più in un dialogo "Io-Tu" o "Io-Me", ma con un **"ME"**: io e me stesso. Io alla porta: *"Non so cosa ci sta dietro la porta,* (dice un cliente) *è buio... un posto di fantasmi. Dietro la porta ho nulla. Fino a che uso il controllo, tengo io il gioco. Il controllo è il mio unico punto fermo; dietro la porta io non ho niente..."* Questo modo di essere è altamente presente in adulti abusati nell'infanzia, ma specialmente in personalità distruttive. PERCHE'? Hanno dovuto seppellire giù, lontano e negare l'angoscia, paura e solitudine in modo da evitare una disintegrazione psichica. QUI SIAMO NEI CAMPI DEI BUCHI NERI. Qui ci sono i CORTO-CIRCUITI. Ho trovato buchi neri nell'abuso all'infanzia e in personalità distruttive.

**In questa dimensione** IL LAVORO SI FA PIU' DURO/DIFFICILE: Siamo nella zona dei buchi neri. QUI LE FERITE SONO STATE NEGATE e non sanguinano. È il **"Non Me"** spiegato dallo psichiatra H.S. Sullivan. L'interazione Cliente-Terapeuta cambia: è un lavoro di "Confrontazione" e di "Congruenza" tra cliente (la parte adulta) e il terapeuta (il grillo parlante). Il livello di empatia è altissimo. C'è dolore e paura da una parte (cliente) e, "REALTA'" dall'altra (terapeuta). Uno dei due deve "arrendersi". Di fatto è un duello tra due parti del cliente. C'è il **"terapeuta-*caregiver*"** da una parte (quello che avrebbe dovuto esserci all'epoca "dei fatti"!!) che contiene/sostiene il bimbo interiore (la parte ferita ma rinnegata) e nello stesso tempo tiene il cliente attaccato alla realtà: ***"La partita è persa, amico mio..."*** Dall'altra parte c'è il "cliente-adulto che sta aggrappato al ***"Senso di Giustizia"*** e non vuole rinunciare. Questo significa che ai livelli più alti la vita è ancora sostenibile con le sue strategie e modelli comportamentali.

Qui il terapeuta usa:

a) PEZZI DEL PUZZLE ESTRAPOLATI DAI RACCONTI DEL

CLIENTE DURANTE IL PROCESSO;

b) CONGRUENZA CON LA REALTA' CHE AL MOMENTO PUO' ESSERE EVIDENZIATA SOLO DAL TERAPEUTA.

LA FISICA QUANTISTICA DESCRIVE QUESTO PASSAGGIO COME UNA DANZA TRA LE particelle. Sì, È UNA DANZA TRA PEZZI DEL PUZZLE DELLA NOSTRA VITA! Un luogo dove LE LEGGI DELLA MATEMATICA NON FANNO PIU' PARTE DEL GIOCO, **MA** ALLA FINE IL RISULTATO È **UNA ARMONIA CON IL TUTTO.**

Spiegato in termini di "paradigma esperienziale" il cliente sta ancora ancorato al **Sogno**: *"quello che desidero e cerco doveva essermi dato"* <u>(il sacrosanto diritto/bisogno di un bambino),</u> sebbene stia pagando il prezzo per le frustrazioni e i fallimenti e sebbene sia pur cosciente che nessuno può dargli/darle il "non dato".


Il sogno è un "leggere tra le righe (felt meaning) il **"Vuoto"** che sta sotto (la realtà), e che è "il non dato", e le **"FERITE"** (le esperienze di maltrattamenti. La difficoltà di rinunciare al sogno, si può spiegare in termini di una sottesa paura nel "lasciare andare" poiché, quando l'ultimo filo è tagliato, *__la porta è aperta e questo__* significa essere **totalmente soli, in balia del mondo e con il "non me".**

Qualcosa come essere lanciati nel mondo quando nasciamo (dal ventre materno allo… sconosciuto). *"Se lascio andare, dice un cliente, dovrei rinunciare alla giustizia e questo significa che sono sconfitto… e questo "non è leale" è contro natura".* La "dignità" non ha ancora raggiunto il livello che dà vita ad un "giro di volta" (switch- over) al sentimento di "avere cura di sé" (Self-Care). È "l'estremo taglio" di un cordone ombelicale.

Come può essere tutto questo? E perché?

*__È la solitudine__* del bimbo interiore (la parte infantile) che è ancora lì, lasciato alla mercè dello "sconosciuto" ed è **il filo che alimenta le strategie**. Ma la parte adulta è ancora lì che sta aspettando e che reclama giustizia… quindi: …dietro la porta, c'è il bimbo, *__"puro ed innocente",__ che aspetta di essere accudito con Rispetto e Amore–* e… *dall'altra parte ci sta' l'adulto che sta ancora* **reclamando giustizia.**

Questi clienti sono nel mondo del "non-me". Le ferite non sanguinano, sono state ridotte al silenzio/congelate fin dall'inizio: questo è ciò che stimola la VIOLENZA. In altre parole: tra il mondo dell'**"Essere"** e il sotteso mondo congelato del **"non-me"** ci sta la *violenza*: *"la porta"*.

Qui in questo mondo, il buio – l' odio – i demoni dimorano ancora, e la parte adulta sta sola, di fronte alla porta. Diventa un duello tra i due: l'adulto e la porta.

Dalla ricerca che sto conducendo per quanto riguarda le personalità distruttive e la psicoterapia con loro, ho notato che a questo punto i giocatori/danzatori sono due. Uno è il **cliente** che si lamenta, reclama e combatte contro la realtà. L'altro è il **terapeuta** che risponde, fa rimandi e aggiunge nuovi pezzi di realtà (quelli che andavano fatti da un "caregiver" protettivo ai giusti tempi), ma sempre in congruenza e al passo del cliente. Lentamente, attraverso il mondo dei sentimenti, del "sentire", dell'"essere" e dei "lutti", il cliente mette insieme i pezzi del puzzle (dello specchio rotto), Il ruolo del terapeuta si rallenta, diventando sempre più silente. Alla fine c'è solo **UN** unico danzatore: il cliente con la sua solitudine in un primo tempo e poi in fine lascerà luogo, o meglio ancora, secondo la fisica quantistica: al **"punto zero"** l'energia si trasformerà da negativa in **"PUREZZA"**. È un paradosso ma, ho constatato che queste persone, nel punto più profondo del loro "essere" sono dotati di un anima pura ed innocente: laddove si manifestano i primi danni. Questi aspetti sono visibili pure nella Natura: la natura "rigenera vita" in aridi e sterili da anni. E in fisica: nel campo di Akasha particelle invisibili conservano la memoria. Nel nostro caso la violenza lascia il posto, o meglio, "dona vita" a purezza e innicenza . Purezza ed Innocenza sono elementi "invisibili" ma conservano la memoria: la parte pura ed innocente del Sé.

Cosa significa tutto questo?

Brevemente espongo questo punto: Davide dice *"da una parte"* *c'è la mia innocenza. (I bambini maltrattati si sentono innocenti). L'innocenza appartiene alla natura. E' naturale che un bimbo "reclami" certi Bisogni; è nel "diritto" di un bambino, ma il bambino è abusato-maltrattato. Dall'altra parte sono sconfitto, ma non è naturale: quello che mi è successo è contro natura. E se io mi arrendo, è contro natura".* 'Sì" io rispondo. "Hai ragione, sei nel giusto, ma tra queste due leggi, c'è la REALTA' e non la puoi cambiare".

La stessa cosa è avvenuta con un bimbo abusato sessualmente e maltrattato. "Sei un eroe perché sei stato in un posto dove non osano andare neanche gli angeli, ma purtroppo hai "perso la partita". (stava giocando con una spada e diceva che voleva uccidere tutti i suoi nemici). "Nooooo"!!! risponde il bimbo. "Questo è quello che ti è successo" aggiungo io con un'espressione dolorosa, "E delle volte anche gli eroi perdono la battaglia/partita ma continuano a rimanere eroi". Silenzio … … (pensieroso) Poi dice "ci debbo pensare". Dopo tanti anni (18) l'ho rivisto e parlando di altre cose (nessun cenno agli anni precedenti) ha detto "delle volte bisogna accettare di perdere le partite". I nostri occhi sapevano di cosa stava parlando.

Ora vorrei andare "oltre" il confine, trascendere il "modo di essere" e attingere al modello teoretico che riguarda "l'umanità dell'Essere". Essere in sintonia con "Il Tutto": la dimensione dove esistono valori che hanno a che fare con "coscienza" ed "evoluzione". Come sostengono F: Capra e Goswami: *Quando una società delle menti riconosce la condivisione della "Identità Collettiva", Avarizia, Crudeltà, Soppressione degli altri, non sono più modalità di sopravvivenza viabili"*

La domanda è: Può l'Approccio Centrato sulla Persona raggiungere tali mete? Sì. Il processo terapeutico "ha fine" dove e quando si accetta le "Realtà" della propria storia che giace alla sorgente. Da lì un'altra Realtà/Autentica/Storia avrà luogo. È la **Tendenza Attualizzante** che abbraccia la filosofia e il mondo dei mistici orientali, in sintonia con la fisica moderna. Significa entrare nella dimensione dell'**"Essere un tutt'Uno"** dove, in un mondo di compassione, non esiste giudizio, nessun pregiudizio. Non esiste più un "Io-Tu", ma solo uno "E'." E' qui dove incontriamo il nostro "nemico" che non è più tale per noi. Ad un estremo sta il *nemico*, all'altro estremo sta la *compassione*. Quando le due estremità si incontrano, si manifesta **l'Amore Cosmico**. In altre parole, raggiungiamo la vetta dell'armonia e auto-realizzazione (Lazlo). "Alla fine ringrazierai i tuoi nemici e amerai la tua storia". Questo è il titolo del mio libro di psicoterapia che spiega tutto il lungo processo **dalle profondità** di un'anima che piange, **alle vette** della compassione e dell'armonia. Questo principio è anche l'auspicio dello psicoanalista ed antropologo Vamik Volkan autore del libro "Killing in the name of identity."

Vorrei mettere a fuoco la dimensione Umana/Spirituale che in questi giorni viene menzionata nella fisica – molti anni fa in filosofia da Maslow – in psicologia da Rogers e attualmente persino in Neuroscienze; è la dimensione in cui uno si sente di essere in "tutt'uno" con l'altro a livello umano/spirituale. Da un punto di vista scientifico, mi riferisco ad una energia cosmica: un essere avvolto con un "tutto". Un' onda gravitazionale. Alla fine della sua vita Stephen Hawking scrive nei suoi studi: *"Ho raggiunto il livello subatomico, ma al di sotto di queste particelle, c'è ancora qualcosa di "misterioso".* L'onda gravitazionale è una ragnatela di interconnessioni cosmiche, dove ogni parte si intreccia ed influenza il tutto. Il tutto, a sua volta, influisce su ogni singola parte in una perfezione di "armonia e di rispetto". (campo di Akasha). **È l'ultima estrema dimensione** che ci connette all'universo in una sinfonia di Amore Cosmico e Coscienza. È una particella che genera – rigenera – interconnette – trattiene memoria. Tutta la psicoterapia Rogeriana si muove con un approccio/modalità "non-direttiva", quindi "sembra" che navighi a vista, senza regole, ma *accompagna* il cliente verso un comportamento, pur rimanendo "soggettivo", in sintonia con la propria Tendenza Attualizzante: **"il Se Organismico. "**Un approccio alla vita che ha le sue leggi imbevute di armonia  e rispetto: le stesse leggi dell'universo che stanno oltre le leggi  e la matematica.

Gregori Bateson dice:

L'infinitamente alto

la profondità delle acque

L'estrema complessità del multicellulare

La apparente complessità verso l'unicellulare

Sono tutti estremi di un unico equilibrio.

Sono fiera di affermare che la filosofia di Carl Rogers è sempre stata in sintonia con questi nuovi aspetti della scienza. Ecco un'affermazione di **Ernesto Spinelli.** L'esplorazione delle componenti e delle strutture dell'esperienza soggettiva, sebbene nonostante siano soggettive, nonostante tutti i diversi tipi di esperienza sia soggettiva, tutte arrivano ad INTERPRETAZIONI UNICHE della esperienza in nome di aspetti biologici, culturale, sociali e, secondo me, in nome dei più importanti costrutti e valori universali che ci collegano tutti ad una STRUTTURA ad un DISEGNO COSMICO.

**Seconda Parte**

## DOV'È LO SPIRITUALISMO NELLA TERAPIA CENTRATA SULLA PERSONA

*Alle radici dell'albero della vita, (dell'esistere) quando l'empatia, l'invisibile filo dorato si trasforma in spiritualismo.*

Il sentiero che conduce allo spiritualismo è l'empatia. Io penso sia questo lo stretto sentiero, perché quando in situazioni estremamente dolorose come in personalità distruttive, sono totalmente immersa in empatia con il cliente, giù nelle radici profonde della sua vita, mi rendo conto, alla fine della seduta, non ero più io-lui ma in completa empatia con i sentimenti del cliente; a volte come una identificazione, "pur tenendo presente chi sono io". È un "entanglement" con l'altro, ma con una parte di me che stà aggrappata alla realtà della sua storia. Qui sta: Sì, rispetto la tua congruenza "dell'essere innocente", sono qui con te, ma c'è "una sola Verità:" tu hai perso la partita, anche se è contro natura. La congruenza con la Realtà è una sensazione speciale. Qualcosa di "spirituale".

Da un punto di vista neurologico, i "neuroni specchio" sono i principali lavoratori" nel lavoro di "confrontazione": io sento quello che tu senti (dolore-disperazione-ingiusto-lutto) ma io "sento-do voce" anche al dramma della Realtà: un tenue pianto di perdita, che in qualche modo raggiunge il cliente, perché: la mia empatia con la Realtà e con la sensazione/emozione drammatica che lui sta sperimentando , sono in sinergia. Il momento in cui lui sentirà quello che sta sentendo io, per "osmosi" diventerà sua. Questo "modello" funziona con i bambini di 3 – 5 anni e con i bambini autistici. Nei momenti di disperazione e rabbia per qualcosa che viene loro proibito, applicando il modello neurone-specchio: stringendoli, stando in empatia con i loro sentimenti e comunicando il mio dispiacere e amorevolezza, contenendoli nel "loro" qui ed ora,  cioè nel "loro modo di essere" in quel momento, ma "anche" aggiungendo "la realtà" di quel momento: *amore ... non è possibile"*; succede che la "congruenza interiore" del bimbo si trasforma in: "congruenza con la "realtà esterna", e il bambino si calma. Quando si raggiungono questi livelli **profondi** di esperienza "emotiva" di dolore –compassione- rispetto-accettazione della realtà, si "trascende la realtà" **elevandosi** in una dimensione di "amore cosmico".

** Si tratta di: "Lascia che "sia" dello spiritualismo.

** In queste circostanze: La "compassione" (per la realtà) – il Rispetto verso il bimbo (per il suo bisogno di piangere) - e L'Amorevolezza si muovono (lavorano) in Sinergia

** Il RISULTATO È: ***Lascio andare il bisogno***

La "materialità" dell'essere ha la sua sede nel Mondo Esterno. Il modo "spirituale" dell'essere, trascendendo le cose materiali ha la sua sede nella nostra interiorità; è parte dell'interiorità.

# Ringraziamenti

Per questo mio lavoro sull'abuso debbo un ringraziamento particolare alla Dott.ssa Mariagnese Cheli, Responsabile del Centro specialistico contro gli abusi e maltrattamenti all'infanzia, Azienda USL di Bologna: IL FARO, che ha supervisionato e condiviso, attraverso la sua esperienza clinica, le mie idee.

# L'autrice

Nata in Australia. Laureata in psicologia a Padova.

Quattro anni di studi presso il Facilitator Development Institute di Roma, dove ho acquisito la qualifica di psicoterapeuta Rogersiana.

I miei docenti sono stati Carl Rogers, Chuck Devonshire, Gorge de Rita, Nat Raskin.

Nei quattro anni di Roma il mio tutor è stato Chuck Devonshire al quale debbo molto per la sua sensibilità e capacità di trasmettere con il metodo di insegnamento "non direttivo" i concetti basilari della Terapia Centrata Sulla Persona. Questi docenti provengono dal Centre for the Study of the Person, Università di La Jolla a San Diego in California.

Per altri quattro anni ho frequentato un gruppo di supervisione condotto da Chuck Devonshire.

Facendo tesoro di tanta esperienza con lui e di anni di mia libera professione sono riuscita a pescare quei "fili" che affondano nella storia della persona e che "accanitamente" emergono dai fondali e diventano i protagonisti del nostro modo di essere (la" tendenza attualizzante" distorta di Rogers). Da questa esperienza nasce il mio libro: "Una psicoterapia? …No …Una vita".

Da molti anni sono docente di Sessuologia Clinica presso il Centro Italiano di Sessuologia. Collaboro con il Servizio di Sessuologia Clinica del Dipartimento di Psicologia dell'Università di Bologna.

Ho scritto due articoli di sessuologia:

- La Terapia Mansionale e un'occhiata sul mondo, ovvero… una sessuologia in difficoltà. Rivista di Sessuologia Vol. 24 Luglio –

Settembre 2000

- Insegnare Educazione Sessuale attraverso il "Gruppo d'Incontro".
Rivista di Sessuologia Vol. 25 Gennaio – Marzo 2001.

Per più di 15 anni ho insegnato educazione sessuale nelle scuole medie. Da questa esperienza ho scritto un libro esponendo i contenuti ed i valori che ho riscontrato essere validi elementi da offrire ai ragazzi che crescono: "Il viaggio della nostra Sessualità – Vivere un Modo di Essere". Ed. Clueb Bologna.

Nel 2004 pubblico il libro …Una Psicoterapia? …No …Una vita. Ed. Banca del Gratuito De Marchi. Via Abruzzi, 4 – Fano. È un libro di poesie scritte da una cliente e che testimoniano l'esistenza di un "percorso" nel processo terapeutico e quanto sia lunga e dolorosa la strada da percorrere.

Il libro può rappresentare un anticipo di quanto ho raccolto ed espongo in questo nuovo lavoro.

Con questo libro mi presento con tutti i limiti che riconosco possano esserci in questi appunti ma con la speranza che qualcuno li raccolga e sappia trarne beneficio per il loro lavoro, ma anche come spunto per inoltrarsi con maggior scientificità nel mondo fenomenico "dell'Essere nel mondo".

# Leggi *Una psicoterapia? No... una vita...*

A volte il cammino terapeutico produce l'intensa esigenza di "fissare" le tappe più significative, così accade che la persona scopra una venatura poetica nel proprio dire e raccontarsi. È così che una paziente riesce a tracciare un percorso, a scrivere una storia di dolore e di ricordi, belli e brutti, che la protagonista del processo terapeutico ha ripescato nella memoria, piano piano, come piano piano si definiscono le figure emergenti nella nebbia, con l'aiuto della psicoterapeuta. Questo lavoro conduce il lettore dentro i segreti della terapia, che risulta quindi essere una ricerca della storia reale dell'infanzia di ognuno. Ogni brano attesta la difficoltà di recuperare il passato, di ricostruirlo attraverso il rinnovarsi delle emozioni e delle angosce vissute e nascoste, fino a trovare il senso mediante una cruda, forse crudele, rilettura della realtà; così come se avessimo tanti tasselli di un puzzle di cui si è perduta la figura d'insieme.

Maddalena Bosio

# Leggi *Cortocircuito e tradimento nell'abuso sessuale infantile*

Il libro descrive una ricerca nel campo dell'abuso sessuale sui minori. L'intento è di evidenziare aspetti specifici che porteranno a un completo recupero psicologico dal trauma usando il "Modello esperienziale" e tornando alle radici dell'esperienza traumatica. Il fatto di favorire una "guarigione totale" è l'individuazione dell'"atto esistenziale" incompleto, interrotto al momento dell'"atto molestante". L'aspetto specifico ha a che fare con un "bisogno specifico" nella storia della vittima.

# Bibliografia


Al-Khalili J. McFadden J. La Fisica della Vita. Bollati Boringhieri, 2014.

Boncinelli E. Il cervello, la mente e l'anima. Mondadori, 1998.

Buber M. I and Thou. Ed. Macmillan Publishing Company, New York, 1987.

Courtois C. A. Healing the incest wound in Adults. Ed. Sage Publications, London, 1996.

De Zulueta F. Dal dolore alla violenza. Ed. Raffaello Cortina, 1999.

Eliot T.S. The waste land and other poems. Ed. Faber and Faber, London, 1999.

Farber, Brink, Raskin. The psychotherapy of Carl Rogers. Ed. The Guilford Press. London, 1996.

Girard D. Madre e Ossa. Ed. Baldini e Castaldi, Roma, 1997.

Karp, Butler. Treatment strategies for abused children. Ed. Sage Publications, London, 1996.

Kohut H. La guarigione del Sé. Ed. Boringhieri, Torino, 1980.

Maslow A. Verso una psicologia dell'essere. Ed. Astrolabio – Ubaldini, Roma, 1971.

Miller A. La rivolta del corpo. Ed. Raffaello Cortina, Milano, 2005.

Rogers C. Psicoterapia di consultazione. Ed. Astrolabio – Ubaldini, Roma, 1971.

Rogers C. Partners. Ed. Astrolabio – Ubaldini, Roma, 1974.

Rogers C. Potere personale. Ed. Astrolabio – Ubaldini, Roma, 1978.

Rogers C. Da persona a persona. Ed. Astrolabio – Ubaldini, Roma, 1987.

Sartre J. P. La vita il pensiero i testi esemplari. Ed. Accademia Sansoni, Milano, 1970.

Siegel D. J. Mindsight. Ed. Raffaello Cortina, 2015.

Siegel D. J. La Mente Relazionale. Ed. Raffaello Cortina, 2016.

Maddalena Bosio

www.ingramcontent.com/pod-product-compliance
Lightning Source LLC
Chambersburg PA
CBHW031305250726
48656CB00005B/1644